JM106764

# PHYSICAL THINKING

## ウェルビーイング時代の
## フィジカル・シンキング

**BODY TUNE·PARTNERS**

**阿部 George 雅行**
**佐藤美咲**

第2章

# チームが結果を
# 出せないのは
# なぜか？

84

## Cさん（50歳、男性）

元マネジャーだったが、今は年上部下という立場になった。
年齢的に体力も衰え、これからどう働いていこうか不安を感じている。

112

## Dさん（33歳、女性）

「働かないおじさん」をマネジメントすることになった。
チームを健康的にうまく回していかなければと焦っている。

# 会社が
# 成長しないのは
# なぜか?

**Eさん**（40歳、男性）
「健康経営」に重きを置いた組織開発を検討している。
離職率を抑えるためには、会社全体で取り組む必要があると考えている。

**Fさん**（45歳、男性）
自分自身の健康管理は、ほぼ完璧に実践できている。
しかし、チームメンバーが不健康な状態でいるのが理解できない。

「自分の健康に自信がありますか？」

「あなたのウェルビーイング状態はいかがですか？」

　こう尋ねられた時、あなたはどう答えるでしょうか？

「はい、もちろんです」

「まったく問題ないです」

「いつも、絶好調です」

　こんなふうに、力強く即答できる人はもしかしたら少ないかもしれません。

　多少の不調は抱えていても、「この程度なら大丈夫」「薬を飲んでおけばなんとかなる」「ウェルビーイングなんてしょせん建て前なんだから……」と、だましだまし過ごしている人の方が、圧倒的に多いのではないでしょうか。

　でも、心のどこかではきっと「このままではダメだ」「なんとかしなくちゃ」と、みんな密かに思っているに違いありません。

　まさにかくいう私たち──世代の違う著者2人──が、過去にそういう状態にありました。なんらかの理由で「心身が不健康なビジネスパーソン時代」を経験してきた私たちだからこそ、自分の不調を直視せず、その原因が自分自身にあるはずなのに、周囲に「責任転嫁しがちな人たち」の気持ちが、手に取るようにわかるのです。

　「はじめに」でのご挨拶として、著者2人の自己紹介を、「(不) 健康状態」と絡めてさせていただきます。

　著者1人目の阿部は、1990年代初頭にメガバンク入社のバブル世代。かの有名なCMコピー「24時間戦えますか？」が象徴する、大量生産・大量消費が是の時代に働き始めた世代です（社会人歴33年、メ

# ロジカルである前にフィジカルであれ

タボ系の不健康期間15年）。

　2人目の佐藤は、2010年代初頭にエアライン入社のゆとり世代。東日本大震災、SDGsの萌芽や社会で健康経営が謳われ始めた時代に育ちました（社会人歴15年、やせ過ぎ系の不健康期間8年）。

　それぞれまったく違った経歴を持つ私たちは、現在ウェルビーイングや健康経営、ビジネススキル全般のコンサルタント＆コーチとしてお客様の課題解決に携わっています。

＊

　現代は、飽食であっても多くの人が栄養失調だと言われています。いわゆる「食べても、食べても十分な栄養が足りず、だからより多く食べてしまう」という状態なのです。その理由はさまざまに考えられますが、食品の工業化、グローバル化が進み、本来我々日本人の身体には合っていない食材や食品を、望まずとも口に入れることが可能になってしまっていることが、背景の1つにあるでしょう。

　結果として、食の安全性への配慮がおろそかになり、1人ひとりが食べることの大切さに感謝の念を抱きにくくなっているとも言えます。

　そんな中、私たちは長年、社会人が仕事をし、ビジネススキルを学ぶ上で必要な健康状態とは何かという着眼点を持ちながら、人材育成や組織開発に取り組んできました。

　長年の試行錯誤の連続から、心身の「健康」の守り方や、忘れていた本来の「健康」を思い出すことの意味や方法論を、もっと世の中に広めたい、また働く人すべてが、仕事の成果やウェルビーイング、ワークライフバランスなどを考える前にまず、"フィジカル面で健康であること"

を最優先して捉える意識をもっと持ってほしい——そう強く思うようになりました。

　そんな使命感を胸に、健康を軸にした人財育成、組織開発をコンセプトにして2005年に設立した人事コンサルティング会社が、株式会社Bodytune-Partnersなのです。

　創業した当初は、私たちの理念はほとんど理解されませんでした。しかし、今や、「仕事においてベストなパフォーマンスを発揮するための必須条件の1つは、心身の健康、特に身体の健康である」ということは、改めて言うまでもない常識となりました。この20年ほどの間に、ようやく世間の常識が、私たちの理念に追いついてきた形となり、隔世の感があります。

　特に最近注目されているのは、「社員の心身の健康と人間関係」に組織がコミットしているかを問う「ウェルビーイング経営」という概念です。少し前に言われていた「健康経営」という概念もそこに包含して考えるとわかりやすいでしょう。

　心身の病気による休職はもちろんのこと、人間関係を主因としたちょっとした心身の体調不良やストレスによって、業務が滞ってしまうことは、誰もが経験的に理解もしていることです。

　しかし、そういった事実はこれまで、会社経営や組織運営、管理職の部下育成やリーダーシップとは切り離され、ビジネスパフォーマンスとは関係ないもの——すなわち個々人のプライベートな問題・課題——として捉えられてきました。

　ところが現在は、「個人の問題」とされてきた社員1人ひとりの心身の健康状態が、健全な会社経営やサステナブルな事業発展に欠かせない

重要課題と見なされているのです。この会社経営における人材への意識のパラダイムシフトは、もう見過ごすことができないほど大きな時代の流れだと言えるでしょう。

　私たち自身はこのトレンドを、多くの日本人にとって絶好の機会であり、ウェーブだと捉えています。なぜなら、待ったなしで訪れる超長寿社会を生き切るには、心身の健康、それもまず身体の健康が何よりも大事なのは明白だからです。

　2025年、すなわちあと2年以内に国民の3人に1人が65歳以上、5人に1人が75歳以上になる時代を迎えます。人類史上、類を見ないレベルで起きている生産年齢人口の減少は、企業に、そして日本社会全体に大きな課題を突きつけています。

　その最たる課題の1つがビジネスパーソンの「心身の健康」なのです。先に述べた通り、「心身の健康」を個人の問題として捉えていたのはすでに過去のことであり、労働力確保、生産性向上、従業員の幸福感、社員がエンゲージメントの高い状態であることなどが求められている現在では、人的資本経営は、企業経営の最重要課題として位置づけられています。

＊

　本書では、著者兼メンターの阿部・佐藤と、悩めるビジネスパーソンが、1対1で対話しながら、心身の健康を守る方法を探る形式を取っています。

　登場する7人のビジネスパーソンは20 〜 50代の男女で、置かれた立場や肩書き、職種も異なります。共通点があるとしたら、全員が健康

に関して何かしらの不安を抱えており、今のままではいけないという危機感を持っていることです。そして、少しでも仕事のパフォーマンスを上げたいと強く願ってます。

　ビジネススキルはもとより、ウェルビーイング、エンゲージメント、そして組織の健康経営、個人の健康防衛のコンサルタントやメンターとして、私たちはさまざまな企業様の現場でフィジカル・シンキングの研修トレーニングをおこなってきました。本書に登場する７人は、どこにでもいる会社員です。もしかしたら、読者であるあなた自身の姿が、この７人の中にいくらか見出せるのかもしれません。

　いつもは屋内屋外問わず会議室やセミナールーム、スタジオで熱弁をふるっている私たちですが、今回は「本」という舞台を借りて、１人でも多くのビジネスパーソンのウェルビーイング、健康と仕事のあり方にアドバイスを送りたいと思っています。

　本書を参考にしていただき、１人でも多くのビジネスパーソンが自信を持って「私のウェルビーイング状態は最高です」「私は心身ともに健康です」と胸を張っていつも言えるようになってほしいと心から願っています。

阿部 George 雅行
佐藤美咲

## 本書の読み方

　本書は、著者と、悩めるビジネスパーソンの対話形式になっています。登場するA～Gさんは架空の人物ですが、各人が抱える「心身の健康についての悩み」は、著者がこれまでに聞き取ってきたリアルなものを採用しています。

　また、それぞれの「心身の健康についての悩み」は、読者のみなさんが抱えているさまざまな悩みと、できるだけシンクロしやすいように設定をしました。読者のみなさんは、本書に登場するモデルを、ご自身や、ご自身の家族・同僚などに置き換えて、フィジカル・シンキングについて学んでみてください。

## 著者紹介

### 阿部George雅行

**ボディチューン・パートナーズ 代表取締役社長** 富士銀行入行、みずほFG、ベンチャー企業などを経て、2005年、健康経営、フィジカル・シンキング＆ロジカル・シンキングの両利き思考を唱えて当社創業。元体重90キロ超（現在58キロ）。会社後継者、次世代幹部候補、管理職、若手人材を中心に延べ20万人の意識変容に関わり、現在は洋上セーリングを用いたウェルビーイング研修開発に携わる。趣味は神社巡り・ローラー腹筋・屈み跳躍。東京都新宿区出身。早稲田大学大学院博士課程（満期退学）、明治大学経営卒。

### 佐藤美咲

**ボディチューン・パートナーズ パートナー** 日本航空にて地上職、国際線客室乗務員、再生プロジェクトスタッフ、ＡＩベンチャー社長室教育研修統括を経て2018年当社参画。中堅中小企業の組織開発や360度リーダーシップ開発を中心にフィジカル・シンキングとシニア世代へ人材開発に取り組む。元なでしこサッカー下部組織で快速MF。趣味は高校野球甲子園応援・セーリング・海外旅行。大分県大分市出身。

著書「営業の虎」「対話の虎」「リスキリングの虎」（プレジデント社 阿部・佐藤共著）。

第1章

# 健康習慣が
# 身につかないのは
# なぜか？

悩めるビジネスパーソンProfile

## Aさん（28歳、女性）

営業職。独身。1人暮らし。多忙な日々に充実感も
ある一方、不摂生が続いていることも自覚している。
人一倍働いているのだが、周囲にはあまり認めても
らえていないような気がしている。ちゃんと働かな
い同僚のことがあまり好きになれないし、一緒にラ
ンチに行った時など、食事が終わったらさっさとオフィスに戻りたいのに、
いつまでもおしゃべりをしているのが気に障る。朝起きても疲れが取れてい
ない時が増えてきたように思っている。最近、周囲から「イライラしている
ね」と言われるようになった。

なんだか少し元気がないように見えますね。今日はどうしました
か。

うーん、仕事は充実してるんです。でも、なんというか、ちょっ
と忙し過ぎて、食生活にまで気を遣っていられないんです。悩み
はそれかな。

## 仕事と食生活の悩み

仕事が充実しているのは、すばらしいことですね。それは感謝し
なくては。でも、食べることがおろそかになるのは、ちょっと気

がかりですね。

 そうなんです。食生活に気をつけないと、仕事のパフォーマンスが落ちるなぁ……というのは感じているんです。パフォーマンスが落ちれば、そんな自分にも嫌気がさすし。そうすると、そのトゲトゲした気持ちを引きずってしまって。ますます暴飲暴食というか……鬱憤を晴らすかのような食事ばかりになってしまって。

そうするともう悪循環なんですよね。そんな自分がまた嫌になってイライラして、周囲にも気遣いができなくなってしまったりして……そういう生活や仕事の不調って、どうやって解決したらいいでしょうか？

 あなたがお持ちの悩みは別に特別ではありませんから、安心してください。そういうお困り事を抱えた方は、よく私のところにお越しになります。だから深く考え過ぎる必要はありませんから。

 そうなんですか？　私だけじゃないんだ……。

 Ａさんに私から質問です。ちなみにＡさんは１日何食、食べていますか？

 ……え？　食事の回数ですか？　普通に１日３食、朝・昼・夜に食べていますけれど？　あと、これは食事に含めていいかわかりませんが、小腹が空いた時に、ちょこっとお菓子を食べたりしています。デスクワークの合間や、営業で移動中の電車の中とか。

 そうですか。１日３食プラスおやつタイム。約３～４食といったところですね。

はい。

 それは現代日本人のよくある食事パターンです。今の日本人は、1日3食が当たり前。もしくは、おやつを食べる人なら、4食、5食が当たり前。街に出れば飲食店やコンビニもたくさんあるので、"いつでもどこでも食べられる環境が整っている"から、そうなりがちとも言えるでしょうね。
でもねAさん、あなたも含めて今の日本人は、はっきり言って「食べ過ぎ」なんです。それは過去の歴史が教えてくれます。

 ……過去の歴史、ですか？

 そうです。教科書で習うことはなかったと思いますが、江戸時代の頃は、通常大人は、<u>1日2食</u>※1 だったそうです。それが普通だったんですよ。

 たったの2食!?

 はい。1日3食以上食べるようになったのは、日本の長い歴史から考えたら、江戸時代以降の習慣であり、1日2食でも、十分に生きられるということなんです。

---

※1 もともと江戸時代は1日2食が基本だったが、明かりを点けて夜間を過ごす習慣ができたことで、食事の回数が増えたと言われている。

**では、もう1つお尋ねします。食事の回数が多いことのデメリットはなんだと思いますか？**

うーん、考えたこともなかったなぁ。

もしも1日1回しか食べられないとなったら、その1回の食事は、とても貴重ですよね。でも、3回食べられるのだとしたら、ちょっと適当に食べてもいいかなと思っちゃうかも。1回の食事はたいしたことなくても、他の2回でカバーすればいいかな、みたいな。

いいところ、ついてますね。まさに、その通りなんです。

忙しいビジネスパーソンが、1日3回もきちんとした食事を摂るなんて、かなり難しい。だから、1食1食が片手間みたいになってしまう。結果、コンビニ弁当のような安くお手軽に食べられるものでお腹を満たすことになります。

そもそも、3食食べなくても、私たちは十分生きていけるのです。オフィスワーカーだったらなおさら。「3食食べなくちゃ健康的な食生活ではない」という考えは、先程お伝えした通り、江戸時代から言われてきたものですね。

もちろん、成長期の子どもは食事からしっかり栄養を摂って身体を作らなくちゃいけないけれど、私もAさんも、もう成長期は終えた大人ですよね。しかも、肉体労働に従事しているわけじゃない。オフィスワークが基本なら、1日1食、もしくは1日2食くらいでもエネルギーは十分に持つはずなのですよ。

そうだったんですか！　1日3食食べなくてはって、ずっと心の中で呪文のように信じていました。それこそ、小学生の頃からずっと言われてきたんで。1日3回、しっかり食べなきゃ、食べなきゃって。そんなことないんですね。

そんなことないんですよ。

 じゃあ、朝ごはんって、抜いてもいいわけですか？

 もちろん。その人の生活スタイルにはまっていれば、朝ごはん抜きでもいいでしょう。よく「朝ごはんだけはしっかり食べなさい」と言う人もいますけれど、それは、その人がどういう仕事や働き方をしているかにもよりますね。要は食事の摂り方も、その人それぞれ "個別化" して考えたらよいですね。

 ……ちなみに、先生は1日何回、ごはんを食べているんですか？

 実は私は、1日1食だけ！　これを続けてもう15年ほどになりますよ。朝起きたら、水分だけはしっかり摂ります。でも、朝ごはんは食べません。

 それじゃあ、昼ごはんか夜ごはんだけ、どちらかを食べているんですか？

 私の場合は、昼ごはんは食べずに、夜1食！　そんな食生活で過ごしています。1日に一度の食事なので、何も入れない時間帯には胃腸が休まってとてもすっきりした心持ち、カラダ持ちになります。
もちろん、昼ごはんだけでも、夜ごはんだけでも、どちらでもいいと思います。
いきなり1日1食が難しいなら、とりあえず、昼ごはん抜きにして、朝と夜だけ食べる、というのもありでしょう。

夜１食だけの食事か。私にはそれは無理っぽいですけど……いや、無理じゃないかもしれないけど、いきなりはちょっと抵抗あるかな。

でも、先生の食生活のポイント、なんだかすごく刺激になります。私が今まで思ってもみなかったことなんで。新鮮です。

「１日３食幻想」に踊らされないことです。もちろん食生活をおろそかにしていいと言っているわけじゃありません。「食材に感謝の気持ちを持って、１食１食のクオリティーを上げましょう」というご提案です。

そうすると、１食で「何を食べるか」が重要になるのかな？　先生、私、営業職なんですけど、外回りが多いんです。そうすると、お昼が外食になることもよくあるんですが、１日１回の食事が外食になってしまったとしても、その１回を充実させれば、朝ごはんは抜いてもいいんですよね？

まったく問題ないはずです。そして、栄養面でもエネルギー面でも、１回の外食だけで十分に間に合います。「１日１食だけじゃ身体がもたない」と思い込んでいたらもたなくなりますが、それは幻想でしょう。

ちょっとお恥ずかしい話なんですが、自分ではさほど「食べたい」と思っていなくても、周りの雰囲気とか、周囲の目に入ったものでなんとなく「ぐぅ」とお腹が鳴る時もあります。それってどうしたらいいんでしょうか？

食事をそそるいい例が、黄色や赤、オレンジなどの飲食店の看板でしょう？

 そうです！　あの看板を見ると、なんとなく立ち止まりたくなるような……。

 そこ、かなり要注意ですよ！　街中にはその黄色と赤、オレンジの看板以外にも、"食欲を刺激するマーク"があふれかえっているんですから。
そういうものを見ると、「なんか、食べたいなあ（＝食べなくちゃいけないんじゃないかなあ）」という気持ちにさせられてしまうんです。
あなただけじゃなくて、みんなそうなんです。

 街中、誘惑だらけなわけですね。気持ちを強く持ってないと、なんだか流されちゃいそうで怖い……。

 あと気をつけてほしいのが、Aさんが食べているものに「ちゃんと栄養が含まれているのか」ということ。いくら食べてもお腹が減るのはきちんとした栄養が入っていない食品を食べているからかもしれません。

 とりあえずお腹が満たされればいいと思いがちで、そこまではあんまり考えていなかったです。もちろん、野菜や果物もたくさん摂って、タンパク質なども食べ物から摂らなくちゃいけないというのはわかっていましたけれど。

 ただ満腹感を得るだけの食事は、よくないですね。というのも、そういう食事って、結局あとから食べた気がしなくなるんです。
栄養が入っていないものを食べても、お腹は満たされない。むしろ、す

ぐにお腹が減ってしまう。

 どういうことでしょうか？

 たとえばですが、Aさんはコンビニでお菓子を買うことはありますか？

 はい。コンビニに行くと、なんとなく甘いお菓子の棚を覗いてしまいますね。

 おやつや間食は、男女問わず、みんな好きですよね。他に、コンビニで買うものは？

 そうですね……お昼にお弁当やおにぎりかな。

 グミなどの甘いお菓子、パスタやコンビニのお弁当類。時間がない時に気軽に立ち寄れる、値段が手頃な飲食店や大手のフランチャイズのレストランなどのごはん、こういうものには食品添加物がたくさん使われていると言われています。食品を長持ちさせるための防腐剤や、見栄えをよくするための発色剤などですね。
そんな食べ物ばかりを食べ続けていたら、どうなると思いますか？

 お話を聞いているだけで、ちょっと気分が悪くなるような気がします。

 そうでしょう？　もしかしたら栄養が不十分で、身体によくないものばかりでお腹を満たしている可能性が高い。結局、食べても

栄養として吸収されるものが少ないから、結果、すぐにお腹が空くようになってしまう。

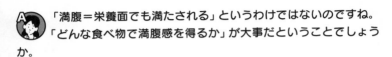 「満腹＝栄養面でも満たされる」というわけではないのですね。「どんな食べ物で満腹感を得るか」が大事だということでしょうか。

その通りです。たとえば、Aさんの目の前にとってもおいしそうなサラダがあるとします。みずみずしいレタスの葉は、口に入れた時のパリッとする音が聞こえてきそうなくらい。完熟トマトは真っ赤で食欲をそそるし、ゆでたブロッコリーも色鮮やか。
でも、このサラダが本物ではなく、サラダのように見えるもの、であるとしたら？　実際は、口の中で溶けるような人工的な物質でできていたとしたら？

 考えただけで、ちょっと気分が悪くなりそうです。

そうでしょう？　食べたその時は、確かに1食摂ったという気分にはなりますが、栄養分がない食べ物なんて、本来の食べ物ではないです。ですから、当然、お腹が減るわけです。

今まで自分が食べていたものを考えると、怖くなりますね。よくそういう食べ物で、自分の身体が維持できていたなあと。身体に無理をさせていたのかなと、なんだか申し訳ない気持ちにもなります。

スーパーに並んでいる野菜ですら、栄養価に乏しいものもあると言われています。だからこそ、食べ物を見る目、選ぶ力がより求められる時代だと思います。少なくとも、食品添加物や防腐剤、発色剤

がたくさん使われた加工食品や、コンビニのお弁当やおにぎりなどは、自覚しながらほどほどに、ということですね。

自炊したごはんやお弁当の方が、腹持ちもいいでしょうし、身体にもいいはずです。そういうところに気づくようになれるといいですね。

 まだギリギリ20代で、自分の健康を過信していた部分もあるかもしれないです。でも、そこは気をつけないといけないのですね。

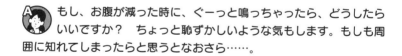 そうそうそう。Aさんは営業職で、仕事も忙しいし外回りも多くて大変かもしれませんが、ちゃんとしたものを食べていれば、体力は維持できますし、お腹もそうそう減らないはずですよ。

もしAさんが、1日20キロも30キロも徒歩で営業しているのなら話は別で、かなり食べないとお腹も減るだろうし、へとへとになるでしょう。でも、仕事には自動車や電車などの公共交通機関を利用していますよね？　だとしたら、1日1食でもエネルギーは十分もつ可能性が高い。

 もし、お腹が減った時に、ぐーっと鳴っちゃったら、どうしたらいいですか？　ちょっと恥ずかしいような気もします。もしも周囲に知れてしまったらと思うとなおさら……。

 **自分の健康を第一に考え、周囲に何を思われるかは二の次にすることでしょうか。**

 知らず知らずのうちに、周りにどう思われるか気にし過ぎていました。これから変えていきます。

そうですね。少しずつでいいから、意識と習慣を変えていくこと。
習慣を変えていったら、いろんなところがよくなっていきますよ。
結果、身体の栄養になる食事が摂れて、健康になれるのならいいじゃないですか！　そういう自覚を強く持ちましょう。
ちゃんとしたものを食べれば、人間1日1食か2食でも十分生きていけるのだと気づけば、食生活のお困り事は、かなり減っていくと思います。

なるほど、じゃあ、仕事が忙しくて食生活をおろそかにするというのは逆で、食生活をちゃんとすれば、仕事の忙しさも減ってくるってことでしょうか？

はい、減ってくると思います。ランチの時間、みんなで一緒に食事に行かなくちゃいけない、なんてこともなくなりますしね。もしどうしてもお腹が空いたら、町の中で簡単に買える食品として、コンビニなどでも売っている「素焼きのアーモンド」などのナッツ類がおすすめですよ！　アーモンドは噛みごたえがあるからきちんと咀嚼すれば満腹中枢が刺激されますし、ビタミンやミネラル、自然な脂質が摂れますから。コンビニでおやつを買う時は、そういう食べ物を選ぶのも有効な選択肢です。ただし、一袋はおそらく食べ過ぎなので、10粒〜20粒程度がよいと思います。

素焼きのアーモンドで空腹を満たすのか……でも、ナッツ類は好きだから、トライしてみようかな。できるかわからないけれど、習慣化できたらいいなと思います。チャレンジしてみます。

ちゃんと栄養素が入っているものを食べていたら、お腹が減る頻度も減ると思います。

ちゃんとしたものを選べない環境というか……選びにくい環境に、私たちいますよね？　一見便利で魅力的なものが都会にはあふれているし。飲食店もそうですよね。私は和食もわりと好きなので、手短に駅構内やフランチャイズの立ち食い蕎麦屋さんで昼食を済ませちゃうこともあります。

**蕎麦は日本人にとって昔からあるもので消化もいいので悪くないと思います。でも、天ぷらやコロッケなど、油にまみれた揚げ物をトッピングし過ぎると、消化が悪く身体にはあまりよくないと言われています。**

たとえ忙しくて、お腹がぐぅと鳴ることがあっても、ちょっとこらえるようにしてみます。一度習慣を変えてみたら、もしかしたら、案外と簡単に空腹感も減って、仕事もうまく回るようになるかもしれないんですね。

**はい。きっと身体のウェルビーイング状態も好転します。ぜひやってみてください。**
**先程も言いましたが、「習慣を徐々に、小さくてもいいから変えていくこと」。慣れないことも、一歩踏み出せば、それが当たり前になっていくものです。何事も、行動に移すことが大事ですよ。**

## 睡眠×仕事のお困り事

あと、仕事の忙しさに合わせてもう1つ悩ましいことがあって……それは睡眠なんです。忙しいとよく眠れない毎日が続くんですが、食事と関係があるのでしょうか？

「仕事が忙しくて眠れない」という悩みもよく聞きますね。その場合２つの理由が考えられると思います。

まず１つは、「仕事が忙しい」と言う人に限って、仕事がうまく回っていないことが多いです。その日にやるべきことが終わらずにたまっているケースが一般的に多いと思われます。

思い当たることが多くて、聞いているだけで耳が痛いです……。

自分を責めないでくださいね！　Ａさんだけのことを言っているわけでも、否定しているわけでもありませんから。これはあくまで一般論です。私だって、そういう経験はたくさんしていますから。

そうですか。ちょっとほっとしました。

「ツァイガルニック効果」というのを聞いたことがありますか？

いえ、ないです。なんですか、それは？

ロシアとドイツの心理学者が提唱したものなのですが、たとえばビジネスシーンでよくあることを例に挙げると、キリの悪いところで仕事を中断せざるを得ないと、中断した仕事が気になって仕方がなくなる心理状態のことです。

やり残したものがあると、やっぱり人間って、そっちに気が行っちゃうものなんですね。そして、寝ている最中にも意識がそちらに向けられて、しっかり眠れなくなってしまう。

そういうこと、よくあります。わかります。

 「仕事が忙しくて眠れない」のは、なぜか？　2つ目の理由は、睡眠の量と質の視点で整理するとわかりやすいです。
睡眠の量が少ないのか。あるいは、もしもＡさんがしっかり8時間以上睡眠時間があるのに眠った感じがしないとしたら、それは、睡眠の質がよくないのかもしれません。
ちなみに、眠る前にスマホを見たり、パソコンでメールチェックしたりすることはありますか？

 あります。毎日ではないですが、やはりメッセージが来ていないかどうしても気になってしまうので。

 些細なことかもしれませんが、けっこうあなどれないですね、その習慣は。なぜなら、スマホ、タブレット、パソコンから発せられるブルーライトは、睡眠ホルモンであるメラトニンの生成を妨げると言われています。
結果、眠りが不安定になります。
あと、もう1つ伺いますが、Ａさんのお好きな飲み物はなんですか？

 え？　飲み物、ですか？　仕事中はよくコーヒーを飲みますね。缶コーヒーも、コンビニのテイクアウトのコーヒーも、営業中にちょっと疲れた時や一息つきたい時によく買います。お酒も少々なら夕ごはんの時にいただいています。

 コーヒーは気分転換にいいですよね。私も大好きです。でも、夕方以降の摂取には少し気をつけてください。コーヒーは飲むと頭が冴えてすっきりしたような気分になりますが、それは覚醒効果の高い

カフェインが含まれているからです。夕方以降にカフェインを多く摂取したら、その日の眠りに影響します。そりゃあ、ぐっすり眠れなくなりますし、その原因は終わらない仕事のせいだけじゃなく、Aさんの食生活が原因ということになります。

カフェインはコーヒーだけじゃなく、紅茶や緑茶、特にエナジードリンクには大量に含まれていますから、飲むタイミングに気をつけるといいですね。

 はい、気をつけます。

 1つ目の理由の話に戻りますが、もしどうしてもその日の仕事が終わらなくてすっきりしなかったら、寝る前にメモに残すようにするといいですよ。一度書き留めておくと、物理的に忘れません。これを、「ジャーナリング (journaling)」と言います。「書く瞑想」とも言われているのですが、やり残したことを書き出すことで心が落ち着いて、不安も和らぎ、スッキリ眠れるんです。

 書き出す作業は好きですね。これなら私にもできそうな気がします。

 私も忙しい時は、いろんなことを積み残したままで1日を終える時があります。万が一「眠れないな」と感じたら、ジャーナリングをします。付箋1枚に、悩みや滞貨事務を1つずつ書き出して、机の上にでも貼っておくんです。そうすると、不思議と心が落ち着いてきて、ちゃんと寝つけます。

## 人間関係×食事のお困り事

 今までお聞きしたことって、すべて私１人の努力で、なんとかなるものだと気がつきました。食生活にしろ、ジャーナリングにしろ、私が気をつけて習慣化すればいいことですから。一方、対人関係に関する悩みって、私１人ではどうにもできない部分もあると思うんです。
実は、そのことでも悩んでいて、それがストレスになっています。

対人関係というと、具体的にどういうことでしょうか？

私、人一倍仕事を頑張っていると思うんです。周りからも上司からも「よくやっているね」と言われます。そう言われたら嬉しくて、モチベーションも上がりますから、もっと頑張ろうと思うんです。
その一方で、働かない同僚を見るとイライラしちゃうんですよね。
こういうイライラって、どうしようもないことなんでしょうか？　出社するたびに「また、あの同僚を見るのか」と思うと、うんざりしてしまって。

なるほどね。
客観的に言うと、イライラの原因は２つあると考えられます。１つは、Aさんが仕事上きちんと認められているかどうかという職場での環境面に関すること。もう１つは、先程から話している食生活に関係することです。

この悩みに関しても、食生活のことが絡んでくるんですね。それはなんだか意外な気がします。

でも、まずは、その環境面に関することの方が私は気になります。教えてください。どういうことですか？

逆に質問させてもらいますが、職場にできない人がいたら、なぜダメなんですか？

……え!?　そりゃあ、ダメということはないかもしれないですけれど……でも、私が頑張っているのに、あの人はどうしてもっとやる気を出さないんだろうとか、やっぱり気になりますよ。自分の頑張りは働き損なのかな？　みたいな気分にもなりますし。

できない人を見てイライラする人もいれば、イライラしない人もいます。どうしてそういう違いが出ると思いますか？

まぁ、確かに。「仕事ができる・できない」「仕事に取り組む姿勢」は人それぞれだと頭ではわかっているんですけれどね。

なぜ、できない人を見てイライラするか。もう少し深掘りして考えてみましょうか。その仕事ができない同僚を仮にＸさんとしましょう。

もしかしたらＡさんは、「Ｘさんはぜんぜん仕事をしていないし、実際結果も出していない。それなのに、私よりも認められている」と感じていらっしゃるのではありませんか？

そんなふうに思っていたつもりはないけれど……でも、仕事がそんなにできないわりには、みんなに疎んじられるわけでもなく、周囲の人たちや取引先とも、そつなくやっているふうではあります。そ

こはちょっと釈然としないような気もします。

 なるほど。Ｘさんはそんなに結果を出しているわけでもないのに、職場では何かにつけてうまくやっている方のようですね。

目に見えるような頑張りや努力を惜しまないＡさんのような方からすると、Ｘさんのような方には、納得がいかないのでしょうね。

 ……はい。だから見るたびにイライラしてしまうのだと思います。自分でもどうしようもなくて……。

 Ａさんに問題があると厳しく言うつもりはないですよ。あなたは十分職場で頑張っていらっしゃるはずです。

でも、職場でＸさん以上に自分はもっと評価されていいと感じているのなら、あなたを評価する立場にある上司なり、上長なりに、もっとアピールしてもいいのではないでしょうか？　そのためにも成果をきちんと「ほうれんそう（報告・連絡・相談）」していますか？

 自分から積極的に成果を伝えるということは、あんまりしていないかもしれないです。ちゃんと見ていてほしいというか。それくらい上司ならわかってくれるものだと思っていたというか……。

 それは問題がありますね。上司から承認をもらう動きやアクションをあなた自身が普段していないとしたら、それは甘いかもしれません。

仮りに自分は性格的に言いたいことが言えないといった苦手意識があるのなら、それも変えないと。先程の食習慣と同じですね。「習慣を変えていくこと」ですよ。

Xさんが、仕事ができないわりに職場で受け入れられていると感じるのは、私にはできていない成果のアピールがXさんはできている、ということなんでしょうか？

 はい。しかしながら、この際、Xさんのことは忘れてください。これはあなた自身の問題ですから。

 ……。

 如才なく、なんだか周囲に好かれていたり、うまく立ち回っている人の方が、明らかに努力しているはずの自分よりも評価されていたら、イライラする気持ちはわかります。
でも、たとえばXさんのような方は、あなたの見えないところで、水鳥が水面下で必死に水かきしているように、努力をしているかもしれないですよ。それを周囲には見せていないだけのことかもしれません。
あなたが仕事を頑張っていて、それをもっと評価してほしい、認められていいはずだと思っているのなら、堂々とそれを上司に伝えましょう。
それをしないで、「Xさんの方が仕事ができないのに、なんだか認められている気がする」なんて思うのは、甘い考えと言えるかもしれません。

 そうですね。おっしゃる通りだと感じました。自分自身が納得できているかどうか、そこが一番大事ですよね。

 そうです。そこのところ、見誤ってはいけませんよ。
自分の承認欲求は、自分で満たせるようにすること。自分からアクションを起こすこと。日々の仕事を消化するだけではなく、自分の仕事や生活というものを日々内省すること。

はい、わかりました。
あと、もう1つの原因は、食生活だということでしたが、それは、どういうことでしょうか？

 人を見てイライラする時って、だいたい空腹なことが多いんです。私も夕方5時以降になるとちょっとイライラする傾向にあります。無意識にトゲのある言い方をしてしまったりね（笑）。

 お腹が空くと、気持ちに余裕がなくなることはありますね。食べられない時は、手っ取り早くコーヒーを飲んだりします。あとは、疲れている時にエナジードリンクなんかを「どうぞ」なんて差し入れされたら、ごくごく飲んじゃいますね。

 **たばこは吸っていませんか？**

 いえ、喫煙者ではないです。

 **エナジードリンクもたまに飲まれるようですから、ここで、依存性のある嗜好品についても注意喚起しておきますね。**

 依存性、ですか？　確かにたばこは一度吸い始めたらなかなかやめられないと聞きますよね。
エナジードリンクは、わりと手軽に糖分補給できますし、疲れた時に飲んでしまうことはありますね。

 **エナジードリンクはたばこよりはましと言われていますが、それでも、気をつけてくださいね。砂糖などの糖質が入ったエナジー**

ドリンクも依存性が非常に高いと言われています。

 たばこを吸う人は、「吸うと仕事に集中できる」なんて言ったりもしますよね。

 たばこを吸う人は、含有成分のニコチンやタールに依存していくんです。これらの成分が切れた時に、ぐっと気持ちがマイナスにぶれます。そういう時にまた吸うと、気持ちが落ち着き、エネルギーが充填されたような気分になるのですが、それは大きな勘違い。いったんマイナスになった状態がゼロに戻っただけであって、プラスアルファの精神状態になったわけではないと言われています。

 たばこが切れた状態がマイナスの状態であるとは、喫煙者は認識していないのですね。

 そのケースが多いと思います。だから、ニコチンやタールが足りなくなると、イライラする。そして吸いたくなる。吸ったら、ああ、パフォーマンスが上がったと思うのですが、実際はゼロベースに戻っただけ。この繰り返しが、喫煙行動と言われています。

 何にもプラスになっていないのに、勘違いしているなんて、なんだか怖いです。

 そうでしょう？
たばこを嗜むのと同様にエナジードリンクを飲む人も多いですね。こうしたエナジードリンクには先程お伝えした通り依存性の物質である糖分もたっぷり含まれています。

職場でもエナジードリンクをちょくちょく飲んでいる人は多いです。

 エナジードリンクを日常的に飲む習慣がある人は、切れてしまった時にイライラしてきます。

たとえば、そういう精神状態の時に、仕事のできない同僚を見たら、イラっとすることもあるでしょうね。イライラの原因に食生活が絡んでいるのではないかというのは、そういうことです。

 私はたばこは吸いません。でも、忙しくなると、ついエナジードリンクを飲んじゃったりするんですよ。そうすると、気持ちが落ち着く気がするんですよね。これでもうひと頑張りできそうな気分になるというか。

 エナジードリンクを飲むと、血糖値ががーんと上がって、しばらくするとがーんと下がるんです。血糖値が下がった時に眠たくなりますから、またもう1本飲むっていうことになりがちです。悪循環にまんまとはまっているっていうことですね。慢性化すると本当に身体によくないと思います。

たまに飲むならいいんですけれどね。

 しかし、砂糖ってなんでそんなにいけないんですか？

 精製されているものが一般的によくないと言われています。

精製されていない砂糖なら、血糖値の上昇は比較的緩やかになるので、あまり問題ないとも言われています。

精製された砂糖をできるだけ避けた方がいいと言われている理由は、摂取した瞬間に血糖値が跳ね上がって、インスリンがそれを抑制しようと

するからです。
そのあと、血糖値が下がってきた時に、イライラが出てきます。
ですから、血糖値を激しく上下させる精製された砂糖を摂るのは、あまりよくないということなんですね。

 精製された砂糖って、たとえば、お菓子作りに使ったりするグラニュー糖みたいなものですよね？

 そうです。もしも甘いものがほしくなったら、人工的なものではなく、果物などを食べたりする方がいいでしょうね。

 じゃあ、グラニュー糖などを摂り過ぎると、結局切れた時にまたイライラしてきて、もっとグラニュー糖がほしくなってしまうという悪循環になるのですね。

 その通りです。だから気をつけないといけない。でも、知識として頭でわかっていれば気をつけることができるでしょう。そういう事実を理解した上で、甘いものを摂るようにするといいでしょう。

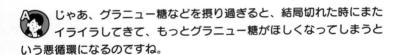
### 健康情報との付き合い方

 なるほど。やみくもに「やめなさい」「身体によくないから禁止」と言われても諦めがつかないですが、こういう事実を知っていると、エナジードリンクも甘い食べ物も、きっぱり断つことができそうです。あるいはコントロールして食べることもできそうな気がします。
私、前から不思議に思っていたんですが、健康情報って、二面性がありますよね。

**具体的に言うと？**

　たとえば、カフェインは依存性があってよくないと言われていたり、一方でコーヒーって、1日1杯だと身体にいいという説も聞きます。私はコーヒーの味も香りも好きで毎日飲んでしまいますが、「よくない」「よい」それぞれの情報があると、正直混乱します。

　**どちらも言われていることですね。**

　メディアに流れた情報は、あたかもそれらしい真実のように感じてしまいがちですが。それでは、情報に翻弄されているんだなと思いました。

　**そこに気づけたことは、大きな収穫ですね。「いい」「悪い」はあくまで一般論であり、自分の身体に合うか合わないかはわからないもの。「いい」というニュースの背景には、それを支持することで得られる何かしらの利害関係があるわけです。「悪い」というニュースの背景もまた然り。そういう持ちつ持たれつの構造があり、ニュースがメディアに流れるということも、頭の片隅に入れておくといいでしょう。そうしたら、Aさんの心身の健康にも、きっと役立つはずですよ。少なくとも、自分の身体に合わないものを遠ざけるための、防波堤にはなるでしょうね。**

　わかりました。

先程のコーヒーの話ですが、もしお好きなら、覚醒効果がありますから午前中に1、2杯飲むのは気持ち的にもとてもいいと思うんです。

ただ何事もそうですが、飲み過ぎ摂り過ぎには気をつけてください。その弊害が大きいですから。覚醒し過ぎて、夜眠れなくなったりとかね。

はい。飲み過ぎには気をつけます。

私も、コーヒーの匂いや覚醒感が大好きなのですが、夜寝れなくなるので午前中のみかデカフェ（カフェインレス）を選んでいます。お茶（緑茶やウーロン茶）にもカフェインが入っているので、摂り過ぎに注意して、できればカフェインが入っていない麦茶やはと麦茶を選ぶようにしていますよ。

ウーロン茶3杯は、コーヒー1杯分のカフェインに相当するそうです。

意外とお茶にも気をつけないといけないのですね。私もこれからは、ノンカフェインのお茶をコンビニやスーパーで探すようにします。コーヒー専門店にも、デカフェのコーヒーがありますものね。

あとおすすめは、カモミールやレモングラスなどのハーブティーですね。私も愛飲しています。

お茶の名前自体が、すでにとても身体にやさしそうな気がします！

## イライラ×運動のお困り事

 砂糖などの依存性物質を摂らなくなり、それがごく普通の生活習慣になったら、その理由でイライラすることはなくなっていくはずですよ。
あとはね、イライラの原因には、血の巡りも関連しています。

 血の巡りというと、冷え性をすぐに思い浮かべてしまいます。

 そうですね。冷え性も血の巡りが悪いことで生じる症状ですね。Aさんくらいの年齢だと、すでに身体のどこかで血の巡りが悪くなっている箇所があるはずです。たとえば、私の場合は左足の膝下ですね。

 言われてみれば、妙に手足が冷えていることもあるし、肩や背中が凝っているなあと感じることはあります。

 血の巡りが悪いことでイライラすることもあります。そういう時はストレッチをする、あたたかいお風呂につかるなどして、血の巡りをよくしてみてください。

 それはよくやっています。それ以外で何かありますか？

 いろいろありますが、運動に関することをご紹介しましょう。心拍数を適度に上げた運動、軽く息が切れる程度の運動を20 〜

30分すると全身の血の巡りがよくなると言われています。目安は最大心拍数の60〜70%の心拍数の運動を20〜30分することですね。ちなみに自身の最大心拍数は「220－自分の年齢」で算出できます。年齢が上がれば上がるほど、最大心拍数は低くなりますね。

自分の最大心拍数（阿部の場合なら160程度）の60〜70%くらいの心拍数になるようにランニングやアップダウンの激しい道や階段を早歩きすると、頭のてっぺんからつま先まで、血液がちゃんと流れるようになります。そうすると老廃物も排出されやすいですし、酸素を乗っけた血液がまんべんなく全身に流れます。(P103参照)

Ⓐ 自分の心拍数なんて、意識したことがなかったです。まずは、自分の最大心拍数を頭に入れておこうと思います。私は28歳だから、「220－28」で、「最大心拍数は192」ですね？
その60〜70%くらいの心拍数で運動をすると効果的なのだとすると、115〜135ぐらいを目安にすればいいのですね。

阿 はい。目安ができると、運動する時のモチベーションがぜんぜん違いますよね。血の巡りがよくなったら、おそらくイライラも減っていくはずですよ。

Ⓐ イライラの原因は本当にいろいろなのですね。必ずしも食生活に関連していないこともあるのですね。原因が何かを特定して、つぶしていくことが大事、そういうことですね。

阿 その通りです。それが"フィジカル・シンキング"そのものですね。
食べ物の影響は、確かに大きいとは思いますけれどね。栄養になるものを必要な量で食べていないことで血液がちゃんと生成されず、それが結果として血の巡りを悪くしているということもあるはずです。

でも、イライラの原因は食べ物だけに限定されません。疑わしいことを
1つひとつつぶしていくのがいいでしょう。
そうしたら、多くのケースのイライラも改善できるはずです。

## ランチのお困り事

 最大心拍数のお話は、すごく具体的なので、すぐにでも実践でき
そうです。
同僚にイライラしちゃうという話の続きなんですが、ランチの食べ方に
ついても少し悩んでいることがあるのでお話ししてもいいですか？

 ええ、もちろん。ランチの悩みですか？　何を食べるかという話
ではないとしたら、なんでしょうか？

 会社勤めしていると、どうしても誰かと一緒にランチに行くこと
になりがちです。別に必ずそうしなければいけないわけじゃない
ですが。かといって、1人で食べに行くことにも少し抵抗があります。
「孤独めし」といったら、ちょっと大げさかもしれませんが。昼から『孤
独のグルメ』みたいなことをしているような気がしてしまって。1人で
食べるよさって、何かあるのでしょうか？

 メンターとしては、「孤独めし、上等！」と言いたいですね。私
はぜひおすすめしますよ。

 え、そうなんですか!?

阿　「孤独めし」……言い換えれば「1人ごはん」ですね。1人ごはんのよさは、食事に感謝しながら、ゆっくり咀嚼して食べることが比較的しやすいことです。

A　よく欧米の映画のワンシーンで、食事前にお祈りしていますね。でも私は特に信仰するものもないし、食事に感謝するなんて、考えたこともなかったです。もちろん、おいしいごはんを食べられたら「幸せ」って思いますけれど。

阿　食事って感謝して食べるべきなんですね。育ててくれた農家さんや獲ってくれた漁師さんへの感謝とともに食べる。動物や植物の殺生の上に成り立っているわけですから。
感謝して口の中に入れる、いただくことがとても大事だと思います。たとえ植物であっても、地面に根をおろしていたものを刈り取って、人間の食べ物にしているわけですね。そのことを想像してみてください。

A　肉類は、家畜を食肉加工したものですから、もちろん「命をいただく」のだとわかっていました。今言われて初めて、野菜や果物も同じなのだと気づきました。

阿　そうなんですよ。口にするものはすべて、命あるものです。どんな食べ物への感謝の気持ちも、忘れないでください。
1人ごはんとの関連ですが、1人の方が「感謝」はもちろん「咀嚼すること」に集中できます。集団でごはんを食べていると、じっくり食べ物に向き合って感謝するなんて、できないでしょう。おしゃべりしてしまいますからね。スマホを見ながら食べることもあまりよろしくない。
集団での食事も "ながら" 食事も「感謝しながら食事をする」というモードになりにくいのです。

メニューを決める時ですら、他の人に合わせようとか、あれこれ気を使ってしまいます。自分だけマイペースではいられなくなりますね。あ、これは私の個人的な傾向かもしれませんけれど。

 集団でいると、どうしても1人の時のようには振る舞えなくなるものです。Aさんだけの話じゃないですよ。
1人ごはんのいいところは、1人でじっくりと、食べ物に感謝しながら食べられるということ。ちゃんと噛みしめて味わい、咀嚼することが、自分1人でならできるんです。咀嚼も一口で50〜100回ぐらいを目指してみてください。消化にとてもよく、胃腸に優しい食べ方です。

 1人ごはんって、いいものなのですね。たまに誘われても、「今日は1人で食べますから」って、言える自分になりたいです。

 あと、1人ごはんにはもう1ついい点があります。
お昼ごはんの時間は、だいたい朝起きてから6〜8時間あとくらいです。
その時間帯というのは、いったん脳を休ませた方がいい時間帯だと言われています。ですから、自分自身の心を穏やかに保つためにも、しっかり噛み、味わうということをした方がいいのです。1人ならそれがしやすいのですね。余計なおしゃべりをすることもなければ、相手に気を使うこともなく安らかにいられます。

 私は基本的に営業職だから出勤していますが、今後またコロナ禍のようなことが再燃すれば、在宅勤務に切り替えられることもあるかもしれません。家での1人ごはんでの注意点はありますか？

在宅勤務が多いのであれば、無理のない範囲で自炊するのがいいと思いますよ。コンビニやテイクアウト、宅配などのデリバリー

には過度に頼らないといいでしょう。自炊だと味の加減が簡単にできますから。

少し薄味の、自分で調理した食事の方が身体にいいはずです。そして、どういう加工や調理をされているものかわからないものを食べるよりは、**栄養素もきちんと摂れます。**

 お話を伺っていて、ふと気づいたんですが、ごはんを食べ終わったあとって、女性社員はお茶を飲みながらおしゃべりすることが多いんです。私、ちょっとそれになじめないんですよね。食べ終わったらさっさと仕事に戻りたいんです。1人ごはんなら、それが気軽にできますね。

阿 **Aさん、いいことを言ってくれました。1人ごはんのメリットは、そういうメリハリのついた時間の使い方にも一役買ってくれますよ。**

1人ごはんなら、「自分が今、何を食べているのか」について、食事と私の「1対1」で、向き合えるような気がしました。たとえばランチセットのナポリタンを頼んだら、「ナポリタンに何が入っているのか」をじっくり見たくなると思うんです。でも、同僚がいておしゃべりしていると、「それ一口ちょうだい！」とか「オムライスどう？」とか、そういう雑音というか、ノイズがたくさん入ってきて、食べているものに集中できないような気がしたんです。1人ごはんなら、そうはならないですよね。そこがメリットなのかな。

阿 **とてもいい気づきだと思います。**

## お酒×睡眠のお困り事

あと、お酒についても質問があります。
大量ではないんですが、就寝前に、寝つきをよくしようと思って飲んじゃう習慣があります。お酒って、寝つきをよくする効果はあるのでしょうか？

それは、大きな勘違いだと今では言われています。間違った健康情報の１つでしょう。

そうなんですか!?　少量でも飲むとぐっすり眠れると思い込んでいたのですが。

当然その人の体質によりますが、最近ではお酒は飲まないに越したことはないと言っている方もいます。

「酒は百薬の長」なんてことわざもあるから、お酒が害だという認識は今までなかったです。もちろん、お酒を飲んだら運転はできないので、アルコールは時に危険な飲み物になることは十分に理解していたつもりですが。

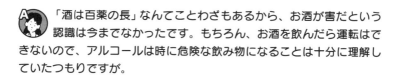個々人の体質にもよりますが、日本人は基本的にアルコールに弱い体質だと言われています。「お酒はちょっとくらいならいいだろう」と思いがちですが、一口でも飲んだら、車を運転できないわけですから、極力やめた方がいいということですね。
運転しちゃいけないということは、「身体も思考がまともに働かなくなる」と言っているわけですから。まぁ普段、少量の飲酒なら害はないと

は個人的に思っています。

確かにそうですよね。一口飲んで運転しただけで酒気帯び運転になってしまうわけですから。そう考えると、お酒ってなんだか、怖いという気もします。危険な飲み物のわりには、どこでも手軽に買えますよね。コンビニには安くてアルコール度数の高い焼酎からビールまで、100円前後で買えるものがずらりと並んでいるけれど、それもなんだか矛盾しているような……。

おっしゃる通りですね。また食事する際にお酒を飲む光景はよくあることですよね。それがあたかも素敵な時間のように世間でも喧伝されています。が、胃腸がアルコールでマヒすることを考えると、食事の消化吸収の観点から、アルコールは食事とは別に飲んだ方がいいのではというのが持論です。
消化吸収器官がアルコールで麻痺したら、ちゃんと栄養素を吸収できるわけがない。

できるだけ早く、ノンアルコールライフにシフトした方がいいかもしれませんね。

特に安酒を飲み過ぎると悪酔いします。自制心が利かなくなって、普段しないようなおかしな行動に出たり、甘いものや脂っこいものを無性に食べたくなって、本来なら食べないものを大量に摂ってしまうわけです。

気づいたら、コンビニのおつまみのサラミをまるまる1本、ポテトチップス一袋、食べ切っていたことがあります。

食べ過ぎですね。

 「もし飲むなら、少しだけ飲む」とおっしゃっていましたが、その場合の飲み方についても教えていただけますか。

 もちろん個人差がありますから、自分の身体の反応を見ながら考えてみてください。具体的には、食後に少しだけ、自分のお気に入りのお酒を飲むのはいいんじゃないでしょうか？　消化が落ち着いた頃合いにね。

 わかりました。寝つきをよくするために飲むというのは、どうなのでしょうか？

 一概にいいとは言い切れません。なぜならアルコールには覚醒作用もあると言われているからです。安眠と真逆です。普段眠る時は徐々に身体の深部体温が下がります。そうすることで、すみやかな入眠ができるんですね。でも、お酒を飲むと体温が上がってしまい、汗をかきやすくなりますので、睡眠が浅くなります。夜中にトイレに行きたくなって目が醒めることもあるでしょう。
こう考えると、お酒は安眠のお守りどころか、その逆の可能性もあることがわかるでしょう。

 理論として理解していると、がぜん、「やめよう」という気持ちを強く持てます。

 「もし飲むなら、少しだけ飲む」と言いましたが、どうせ飲むなら高級なお酒をちょっぴり、ちびちび飲む方が、ぜいたくな時間を過ごせる上に、はるかに健康にもいいのではないでしょうか。

高級なお酒だともったいなくて、ガブガブなんて飲めませんから、量も減るかもしれませんね！　それはいいかもしれません。知識というか、「知ること」ってとても大事なのだなと感じました。先生のカウンセリングで気づけたこともたくさんありますが、私自身がもう少し、「自分から情報を取りに行く」というアンテナを持つようにしたいです。「みんなはいいって言うけれど、この健康情報、本当のところはどうなの？　私にとっては大切なこと？」みたいな感覚というのかな。ただ受け身になるんじゃなくて、「自分にとってはどうか？」という感覚を持つようにしたいと思いました。

知識習得はとても大切です。情報弱者にならないようにしてください。

はい。まだ28歳。とはいえもう30代が視野に入ってきている微妙な年齢ですが、健康に関しては生きている限り考えなくてはいけないから、今からしっかり知識という宝を蓄えていきます。

今28歳とおっしゃいましたが、微妙な年齢ですよね。年齢や個人により、変化のタイミングは違いますが、一般的に男性も女性も30代前後で、明らかに身体のエネルギー生成システムが変わると言われています。

私みたいな年齢で、すぐにイライラしやすい人に向けて、何をしたらいいのかアドバイスはありますか？

先程、エネルギー生成システムの変化の話をしました。成長期は糖類を使ってエネルギーを作っている状態ですが、20代後半から30代に入ると、いわゆる呼吸とかヘモグロビンといった、つまり糖質を使わずに日々の生活エネルギーが生成されるといった身体に変わっ

ていくそうです。27、28歳くらいなら、今までは食べても太らなかったかもしれないものも、エネルギー生成システムが変わってきたら、ちょっと食べたくらいでも摂り過ぎになってしまう可能性も高いです。要は今までと同じ食事をしていては太りやすくなるということですね。

 20代までの当たり前を、30代に繰り越してはいけないんですね。気をつけます。

「何か変化はないかな？」ということを意識する生き方に変えていくのは、とても大事だと思います。Aさんは「あんまり運動しなかったんですけど……」と気にされていますが、まずそういう自覚があることが大事です。
その上で、今後どうしたらいいか、何を変えていけばいいか、具体的な対処法に絞り込んでいけばよいでしょう。
たとえば、今まで以上に歩くようにするとか。エレベーターを使わずに階段を使うとかね。私は10階くらいまでなら階段を上がったり下がったりしています。階段を見たら、「走ろう！　エクササイズのチャンス！」と思うようにしています。

 10階はきつそう！　でも、そういう小さなことの積み重ねが、心も身体も変えていくのでしょうね。今だけじゃなく、未来を見据えて、今日できることをしていきたいなあ。

そういう気づきが大事なんですよ。筋肉は何にもしなければ、加齢とともにどんどん衰えていく一方です。なるべく筋肉が落ちないようにする工夫も、Aさんくらいの年齢から意識して取り入れてください。
何事も小さなことから。そして、まずは「0」だったものを「1」にすること。そうすることでAさんの暮らしも身体も、健康も未来も変わって

いきます。

 今日からでもできることを、何か始めようという気持ちになりました。ありがとうございます。

悩めるビジネスパーソンProfile

# Ｂさん（24歳、男性）

入社２年目。仕事にまだ不慣れでケアレスミスが多いのが悩み。体力には自信があるので、頑張りでカバーしてしまいがちだが、若さにまかせて体力頼みになってしまうのはよくないという自覚あり。メンタル面が弱く、くよくよし過ぎ。人目を気にし過ぎる傾向があるのだが、弱いところをあまり周囲に見せたくない。日曜日の夜になると「サザエさん症候群」が始まり「また明日会社か」と落ち込みがち。月曜日の朝はなんとか起きて元気に出社するも、週末に向けて日を追うごとにまた元気がなくなってくる。

## ケアレスミスと睡眠

はじめまして。今日はよろしくお願いします。
僕はまだ入社２年目です。とはいえ、もう２年目とも言えるので、そろそろ仕事をちゃんと覚えないといけない時期に来ています。同僚でしっかりしている人を見ると焦ってしまいます。ケアレスミスが多いのが悩みの筆頭にあるのですが、何か健康習慣と関係があったりするのでしょうか？

Ｂさんの健康状態と関係がある場合とない場合、両方が考えられます。もし、健康習慣に起因するケアレスミスだとしたら、やはり、睡眠不足が考えられます。Ｂさんは、ちゃんと眠れていますか？

もしもちゃんと眠れていないのだとしたら、そのせいで日中も気持ちがあっちに行ったりこっちに行ったりして集中できていない可能性があります。

 寝起きがすごく悪いです。それって眠れていないということでしょうか？

 寝起きが悪いのは、ちゃんと眠れていない可能性が大きいです。個人差もありますが、通常8時間眠れば、しっかり疲れが取れると言われています。実際に私もそうです。
私たちは、約90分の周期でレム睡眠（浅い眠り）とノンレム睡眠（深い眠り）を繰り返しています。
睡眠の量（時間）は取れているけれど、どうもすっきりしないというのであれば、睡眠の質を担保できているかどうかを考えてみる必要があります。

 就寝時間は早い方です。寝る前にダラダラもしていません。8時間まではいきませんが、6～7時間は眠れています。それでも、寝起きが悪かったり、昼間に集中力が途切れてしまうんです。

 だとしたら、Bさんにとって6～7時間の睡眠時間は十分ではない可能性があります。

 そうなんですね。6～7時間眠れていれば、わりと睡眠時間は確保できている方かと思い込んでいたのですが。

 8時間眠れたら理想的ですけれどね。今まで6～7時間寝ていて十分だと思っていたけれど、実際に寝起きが悪いのであれば、まずは睡眠量をあと1時間増やしてみましょう。

試しに、８時間眠ることを１週間から10日間、続けてみてください。10日間「睡眠時間を８時間確保」を続けると睡眠負債が抜けるそうです。ぜひ最低でも１週間毎日８時間の睡眠時間を取ってみましょう。それでも寝起きが悪いのであれば、今度は「睡眠の質」の問題と捉え直してみるとよいでしょう。

 わずか１、２時間ですが、違いは大きいのですね。

睡眠時間の１時間をあなどってはいけませんよ。私自身８時間睡眠を10日間続けたら、ある朝、「え!?　眠るだけでこんなに疲れが取れるものなの!?」と、全身で感じた朝を、ずいぶん前ですが体験しました。

一度でいいから、そんな爽快な朝を体験してみたいです。「１か月」だと長過ぎてちょっと自信が持てませんが、「１週間〜10日間連続」なら、僕にもできそうな気がします。

１週間やってみて、「睡眠で疲れが取れるってこんなにも気持ちいいことなんだ」と感じられたらいいですね。それが実感できたなら、これまでの睡眠では、睡眠時間（量）が足りていなかったということですから。

 睡眠が十分になると、昼間の集中力も向上していきますか？

もちろんです。あくびなんてそもそも出なくなりますよ！　人間の身体には１日を通してある一定のリズムがあります。人間は昼間は活動して、夜は眠るものです。

もっと細かく言うと、昼間は交感神経が優位になって、夕方になると副交感神経が優位になります。ですから、ちゃんと夜眠れていれば昼間は集中力が高い状態を作りやすいでしょう。

## ケアレスミスと食事

 僕はケアレスミスが多いんです。うっかりミスの原因には睡眠不足が第一に考えられるということがよくわかりました。ちなみに、食生活とケアレスミスには、何か因果関係はありますか？　食事面から何か気をつけることはありますか？

今のお話を伺って、Bさんよりも少し年上のある方のことをふと思い出しました。彼女は、「仕事をしない同僚を見るとイライラしてしまう」という悩みを抱えていたのですが、彼女の生活習慣や食習慣から、依存性の高い食事や飲み物をできるだけ避けるようにというアドバイスをしました。

依存性のあるもの……ですか？　依存性と聞くと、すぐに薬物依存を思い浮かべてしまいます。

そうですよね。でも、薬ではなく、普段何気なく食べたり飲んだりしているものが、意外にも依存性が高いということがあるんです。
「集中力が続かない（＝ケアレスミスが続いてしまう）」というのは、気分のムラが激しいとも言えます。
Bさんは、仕事の合間に、エナジードリンク（エナジードリンク）を飲んだりされますか？

はい。毎朝職場の自販機で、また大事な会議の前には必ずエナジードリンクを飲んで、集中力を高めようとしています。

 うーん、それはもしかしたら原因の１つかもしれません。
たとえば、砂糖（糖質）やカフェインを多く含んだエナジードリンクをたくさん飲んでいると、それらの成分が切れた時に、集中力までぷつりと切れてしまいます。うっかりミスをするのは、こうしたドリンクの効果が切れた時とも言えそうです。

 集中力を高めるために飲んでいたのに、僕がしていたことは逆効果だったのかもしれないですね。

 食べるもの、飲むものなど、口に入れるものには少しでも注意を向けたら、ケアレスミスも減らせるはずです。
私は「集中力を高める」講座も教えていますが、集中するとは「対象となるものに意識を向ける」ことなのですが、そこに至るまでのプロセスというものがあります。

 どんなプロセスですか？　知りたいです。

## 集中力を高める

 Bさんは、「マインドフルネス」という言葉を聞いたことがありますか？

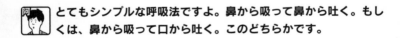

はい。以前1、2回ヨガのクラスに参加したことがあるのですが、その時にチラッと聞きました。確か、「ストレスを感じないまっさらな心の状態」のことを指して、そう呼ぶと理解しています。

もともと東洋にあった「瞑想」と呼ばれているものが、逆輸入されたものとも言われているマインドフルネスですが、マインドフルネス状態を作る際に大事なことは「呼吸」ですね。呼吸に意識を向けて、呼吸への意識がいったん外れてしまったら、それに気づき、もう一度静かに呼吸に意識を向けるようにすることを繰り返すことで、マインドフルネスな状態に近づいていきます

実は集中力を高める時のプロセスは、マインドフルネス状態に辿り着くまでのプロセスと一緒です。

すでに「睡眠が取れている」状態で、かつ「身体によくないものを食べていない」のでしたら、さらにこうした呼吸法を実践することで、集中力が高まり、ケアレスミスも減らせるようになるかもしれません。

具体的に、どんな呼吸をすればいいのですか？　もう少し詳しく教えてください。呼吸を整えるだけで仕事のミスが減らせるなら、ぜひとも取り入れたいですよ。

とてもシンプルな呼吸法ですよ。鼻から吸って鼻から吐く。もしくは、鼻から吸って口から吐く。このどちらかです。

簡単ですね！　とはいえ、普段呼吸する時「今、鼻から吸っているな」とか「口から吐いているな」と意識することはないですから、なんだかちょっと新鮮な気もします。

呼吸に意識を向けると、「今、この瞬間」にしか意識が行かざるを得なくなります。

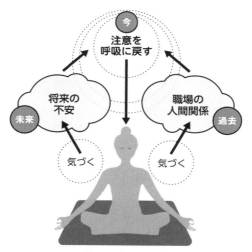

いい・悪いの評価や判断をしない

Bさんを悩ませているケアレスミスの話につながりますが、集中力が途切れている状態を言語化すると、「今、この瞬間に集中していない」という状態だと言い換えられます。

過去の出来事にくよくよしていたり、未来への不安からもやもやした気持ちを抱えていたり、たとえば来週予定されている大事なプレゼンのことが気がかりになっているとか、そういうところに意識が行ってしまうと、「今、この瞬間」に集中できなくなってしまいます。

より高いマインドフルネス状態では、目の前で誰かにしゃべりかけられても、耳に入って来ない状態になります。

 それは理想的な状態ですね。いろいろなことに気が散ってしまい、目の前の仕事がいつまでも終わらないことがあるので、目指

したいです。

呼吸に意識を集中できる習慣ができると、目の前の仕事に集中したい時に集中できるようになりますよ。

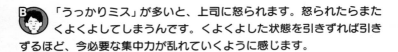「うっかりミス」が多いと、上司に怒られます。怒られたらまたくよくよしてしまうんです。くよくよした状態を引きずれば引きずるほど、今必要な集中力が乱れていくように感じます。

そうそう、まさにそうです。

それがまた失敗につながり、悪いスパイラルを起こしているということなんですね。

「怒られたらどうしよう!?」って、これ、未来のもやもやですよね。まだ起こっていないけれど、もしかしたら近い将来起こってしまうかもしれないことに、不安を感じているという状態です。
でも、まだ起こってもいないことに不安になって心をかき乱されてしまったら、損するのは「今、ここにいるBさん」ですよね。
今、この瞬間、上司が言っている一言一句、お客さんが言っている一言一句に集中する瞬間を作れたら、そんなケアレスミスは起きませんし、そうした未来へのもやもやも、消えていくと思います。

その解決策のヒントが、先程教えてくださった「呼吸法」なのですね。

そうです！　ちなみに、人間の集中力って、どれくらい持続すると思いますか？

どれくらいかなあ…5、6時間くらいでしょうか？　いや、もっと短くて、1、2時間くらいですか？

 人間の集中力は、諸説ありますが、最も長くて90秒しかもたないと言う人もいます。まあ90秒はちょっと短か過ぎるとしても、せいぜい30分前後でしょうか。

 想像以上に短くて、びっくりです。

 そうでしょうね。集中力は頻繁に途切れるものだと言う人もいます。自分自身の集中力が何分くらいもつものか、それこそ、スマホのストップウォッチ機能やキッチンタイマーなどで計測してみてもいいかもしれませんね。仕事で今「集中しなくちゃいけない」という状況になった時、自分が集中できる時間の目安がわかると、スイッチを入れやすくなりますよ。仕事ができる人は、自分の集中力のコントロールのコツなども、把握しているものです。

 「今、集中しよう」とする時って、何か、スイッチのようなものがあるんでしょうか？

 なんでも、スイッチになりますよ。それこそ人それぞれですよね。たとえば私だったら「耳たぶ」がスイッチです。耳たぶを引っ張ることで、集中力がオンになります。他にも、自分の好きなペンを机の上に置いたり、仕事用のイスに背筋を伸ばしたよい姿勢で座ったらオンになる、とかですね。

日々のルーティンのようなものですね。

そうです。元メジャーリーガーのイチローさんや元ラグビー選手の五郎丸さんのルーティンなどの例が有名ですね。

自分なりに、「これがあったら」というきっかけを作っておけばいいということですね。

神経言語プログラミング（NLP）という考え方にも、集中力のスイッチを入れたい時のきっかけ作りのやり方があります。
たとえば、手の前腕部分をさするとか。そうしたら「集中する！」と自分に暗示をかけます。「首の付け根のあたりをもんだら集中する！」とかですね。

面白いですね。僕も何か、集中力のスイッチを入れたい時の儀式のようなものを考えてみようかな。何がいいだろう。

基本的には自分の好きなようにやればいいんですよ。

集中力が持続する時間が案外と短いことに驚いたのですが、ある一時集中するためには、「集中しない時間」も大事なんですか？

とてもいい質問ですね。集中したいなら、集中しない時間を作ることこそが大事です。
集中しない時間をいかにしっかり作るかが、集中できる時間をしっかりと持つことにもつながります。集中力のオフとオンは、交感神経と副交感神経の波が交互に来るのと似ていて、両方大事です。

よく集中すると、「集中することに集中しがち」になりそうな気がします。でも、「集中しないことにも気を配らないといけない」ということなんですね。

 そうです。集中しない時間もちゃんと持つようにしてくださいね。

 言い換えると、つまり「リラックスする」ってことですか？

 その通りです。なんにも考えないボーっとする時間を作る。そういう時間があるからこそ、逆に集中する時間のピーク（高さ）が、より高く保てると言えます。
波と同じです。波は寄せてはまた返す、それを繰り返しますよね。人間の集中力も同じです。

 ずっと高波が続くわけはないですし、そんなことはありえませんよね。
まだ社会人2年目なんで、体力には自信があります。でも、体力まかせでカバーしてしまうのは怖いとも感じています。そういう習慣の先輩たちを何人も見てきているのですが、正直長続きしていない印象です。
今、多忙な時は体力頼みで、残業で仕事の遅れをカバーするということを続けているんですが、この習慣をどうやって切り替えたらいいでしょうか？　うまく切り替えるタイミングや、切り替え方のヒントを教えていただけませんか？　変われない自分が、どうにも不安で仕方がないです。

 変えるなら、まさに「今！」でしょう。体力があるから残業できるとか、夜遅くまで起きていても翌日は大丈夫だと声高に話して

いる人もよくいます。でもそれは、無理が続けば身体を壊すことにつながる悪い習慣としか言えません。すぐにでも習慣を移行させるべきでしょう。

B　そうですよね。今のこのウェルビーイングが大事な時代に、そんな働き方はできないと思っています。だからこそ、自分の習慣を変えたいです。

阿　そこに気づけた自分を、ほめてあげてください。
　ちなみに、私くらいの年齢になると夜の時間は仕事のパフォーマンスは上がりません。20時には眠たくなります（笑）。そのため、起きている限られた時間の中でいかに仕事に集中し、業務量と業務の質を上げていくかを真剣に考えています。残業が当たり前で、長時間働くようなスタイルはすでに時代遅れですから、「9時〜5時」の間でいかに仕事のパフォーマンスを上げるかということですね。
在宅勤務であっても、「9時〜5時」の間でしっかり仕事をすればいいわけです。体力にまかせて残業するとか、体力にまかせて身体を酷使するという働き方は、即刻やめる意識を持つといいでしょう。

B　体力まかせで働いていると、なんとなく「働いているポーズ」がとれるような気もするのですけれどね。でも、それもちょっと時代遅れですね。

阿　私も昔はそうでした。体力勝負で仕事していましたよ。でも、体力まかせの働き方に慣れてくると、だんだん頭を使って工夫することを考えづらくなる。「いかに効率的に仕事をするか」という発想が出てこなくなる。時間があればあるだけ使おうみたいな考え方になってしまいます。そうなると、革新的なことも新しい発想も生まれづらくなります。

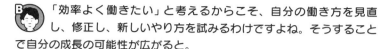

「効率よく働きたい」と考えるからこそ、自分の働き方を見直し、修正し、新しいやり方を試みるわけですよね。そうすることで自分の成長の可能性が広がると。

その通りです。私がお伝えしようとしていることを、先取りされましたね（笑）。
今の時代は、ワークライフバランスやウェルビーイング重視で、限られた時間の中できちんとパフォーマンスを上げていこうという流れに変わりました。個人的な意見ですが、時にはがむしゃらにとことん働く時があってもいいとは感じています。でも、それも程度の問題です。

「自分の成長」につながっているかどうか。一時的に力まかせで働くよりも、長期的な視点に立って、仕事や人生のクオリティーを上げていくことを視野に入れていかないといけないですね。

IQ、EQ

さて、Bさんは、IQやEQという言葉をご存知ですか？

はい、聞いたことはあります。IQは知能指数のことですよね。すごく頭のいい人はIQが高い……。EQは感情に関することでしたっけ……？　どちらも漠然としたイメージでうまく説明はできませんが。

IQ（知能指数）はIntelligence Quotientの略。EQ（感情知性、心の知能指数）はEmotional Intelligence Quotientの略です。

「仕事の成功」「幸福な人生」の実現には、一説にはIQが2割で、EQが8割の影響を与えると言われているんです。

B　人生の成功に与える影響は、IQが2割ですか。人生の成功というと、仕事も含む暮らし全般……たとえば、趣味、食生活、娯楽やボランティア、家族と過ごす時間など、人として生きるための大切な時間すべてを意味しているのですよね？

阿　そうですね。IQが高い人は、知識や記憶力が高いです。それは仕事において有益なこともあるでしょう。でも、社会生活というのは人との関わりによって成立するものですよね。人生の成功を考えた時にはEQをより重視しないといけないということですね。
EQというのは文字通り人の感情における知能ですが、相手の感情を慮ったり、自分の感情をコントロールできる力のことを意味します。

B　人との関わりを大切にして生きていくなら、周囲の人への思いやりとか、自分の感情を整えたりコントロールしたりする力は、とても大事そうですね。

阿　そうですね。では、感情や気分をよい状態に保つにはどうしたらいいと思いますか？

B　そうですね。心が健康であるには、やはり身体も健康でないといけない気がします。

阿　そうなんですよ。結局は、感情や気分がいい状態の土台には健やかな身体があるのです。
たとえばですが、便秘に悩む成人は多いですが、腸に老廃物、いわゆる宿便が溜まっていたりすると身体全体はもちろん脳や思考の調子も悪く

なると言われています。また、運動不足で身体が凝り固まっていたら、血流が悪くなるので、気分もよくないでしょう。

身体の状態は、EQに7～8割の影響を与えるとも言われています。

 すると、EQの高い人は、身体も健康である可能性が高いですね。IQの高い人が、すべてにおいて能力が高くてすごいというイメージがありました。でも、今のお話を伺って、IQ以上にEQの高い人が、さまざまな面においてバランスよく優秀な感じがして、人として好感が持てそうです。

## BQ

私たちが重視しているのは、まさにそのEQを支えるBQなんですよ。BQというのはBody Intelligence Quotientの略で、「身体知能」のことです。BQをわかりやすく言い換えると、「体力」「体質」「体調」、この3つを指します。「体力」「体質」「体調」をいい状態に保つと、仕事はもちろんのこと、社会生活全般をいい状態に保てるのです。

それって、よく言う、「何事も身体が資本」ということですよね？

そうとも言えますね。先程、「身体の状態は7～8割はEQに影響する」とお話ししましたが、まさにこの「身体の状態」というのがBQです。ですから、EQをよい状態に保つには、BQも重視するようにするといいでしょう。

BQをよい状態に保つには……。

人それぞれの置かれた環境で違いますが、やはり睡眠が大事ですね。「体調」に一番影響を与えるのは睡眠です。「体力」をつけるには運動が欠かせません。「体質」は、食べるもの、飲むものが影響します。食事の内容、水分の摂り方など。こうしたことを意識して実践されている人は、BQが高いです。結果的に仕事のパフォーマンスもよくなります。
BQの考え方、おわかりいただけたでしょうか?

 よくわかりました。BQを高めていくことで、仕事のパフォーマンスも上がるのですね。僕も、少しずつ仕事ができる人になっていきたいです。
1つ質問です。「体力」の話が出ましたが、一言で「体力」と言っても、意味するところがいろいろだと思うんです。そのあたり、どう考えたらいいでしょうか?

ここで言う「体力」とは、仕事のパフォーマンスを上げるのに必要な最低限の体力という意味です。たとえば、フルマラソンを2時間30分以内で走り切る体力とか、砂漠マラソン250キロを1週間で走り切る体力とか、ベンチプレス150キロを上げられる体力とか、そういう体力のことを意味していません。

 たとえのレベルがすご過ぎます! 要は「オフィスワークをするための体力」ということですね。

 はい。ちょっと変わった例を挙げてしまいましたね。失礼しました。

１日の仕事をパフォーマンスが高い状態のまま、朝から晩までこなす最低限の体力、やり切る力、習慣化する力、ですね。

 ジムに行って鍛えるとか、そういう体力ではないんですね？

 はい。ジムで基礎体力を上げることは意味があります。が、ここで言う目的は、仕事をする際の身体をよい状態に保ち、高いパフォーマンスを上げるために必要な体力です。

 よく「体力まかせに頑張っちゃった」と言ったりしますが、そういう「無理ができる体力」とは、また捉え方が違うのでしょうか。

 ここで言う「体力」とは、仕事を期待通りに遂行できる最低限の体力という意味ですから、同じものと捉えてかまいません。ただし、どんなにスポーツができても、仕事上疲れやすかったり、集中力が続かない場合は、本末転倒なのでその原因を探らねばなりませんね。

 ちなみに、先生は日常的に体力維持のために、どんな運動をされているのですか？

 遠い昔、トライアスロンのロング（アイアンマン）で世界選手権を目指していた時は、１週間にトータル15時間前後練習に費やしていた頃もありましたが、今は１日２分間の運動しかしていません。仕事をしている人が運動できない理由に「時間がない」と言うのをよく聞きますので、私自ら少ない時間で濃密な運動をすることにこだわってやっています。パフォーマンスを上げることが責務である社会人が、１日２時間も３時間も運動したら、良質な睡眠時間の確保も考えると、生活がおかしくなる可能性がありますから。私が励行しているのは１日２

分間程度の運動です。

 たった２分？ 120秒ですよね……いったい何ができるんだろう……？

 人それぞれだと思いますので、あくまで参考程度にしてほしいのですが、私の場合は、片手腕立てを、それぞれ10回ずつやります。それからローラー腹筋を10〜20回。最後にかがみ跳躍（ジャンピングスクワット）を15〜20キロくらいのウェイトベストを着て20〜30回やります。この３つの運動をすると、ちょうど２〜３分くらいなんですね。

 たった３つではありますが、でも、実際やろうと思ったら、かなりきつそうな運動ですね。

 短い時間でも、しっかり筋肉を鍛えられる内容なら効果は十分だと思ってやっています。運動が好きで、かつ時間を捻出できる人は、１時間や２時間かけてやってもいいと思います。好みの問題ですから。けれど、そのために睡眠時間が削られないようにしないといけませんね。
体力をつけることが目的なら、その目的にかなった方法で、短い時間に集中してやればいいと思います。
効率的に高密度の運動をする習慣を身につけることは、睡眠にも食事にもきちんと時間が取れて、息切れしない働き方ができる秘訣だと思います。

 若さと体力まかせで、月曜日から水曜日までは頑張れるけど、木曜日になるとがくんとパフォーマンスが落ちるような生活は、見直さないといけないんだなと感じました。

木曜日にパフォーマンスが落ちるのですか？　それはもしかしたら体力の問題ではなくて、エネルギー、いわゆる燃料の問題もあるかもしれません。

車に例えますね。もし、フレームやボディがしっかりしていて、ガソリンを満タンにしていたら、車は問題なく動きますよね。

若いのに、週の真ん中あたりでエネルギーが切れてしまうとか、へなへなになってしまうというのは、自分の身体に合ったきちんとした栄養素が摂れていない可能性があります。あとは睡眠がちゃんと取れてないとか。睡眠についてはもうお話しした通りですが。

見た目はぴかぴかボディでも、ガソリンの代わりに、お酒が入っているような場合もあるということですよね……僕はいろんなところにボロがあるのかもしれないなぁ。

たとえ3食食べていても、きちんとした栄養が入っていない食材を食べていたら、お腹も減りますし、体力ももたなくなります。

燃費の悪い車というか、エネルギー効率が悪い粗悪な燃料を使っているみたいですね。なんだか、情けない気分になってきました。

いえいえ、自覚できたなら話した甲斐があったじゃないですか。これから燃費のいい車になれるよう、暮らしを変えていけばいいんですよ。

しっかり睡眠を取って、1日の疲れをちゃんと取ること。

お風呂に入って身体を温めて、体力を復活させること。そしてリラックスすること。

身体を動かすためにも、本当に栄養のある食べ物からエネルギーを摂ることが大切です。

## メンタルヘルスとペルソナ

 自分が燃費の悪い車のように思えてきたら、途端にくよくよして きてしまったんですが、実は、僕はメンタルに自信がないんで す。
人からどう見られているのかを、ちょっと気にし過ぎる傾向がありま す。体型も気にしています。見た目はよくしたいので、スーツもちゃん としたものを着こなしたいと思っているんです。
自分の見かけって、どう捉えたらいいんでしょうか?

 Bさんは社会人2年目で、まだ20代前半のZ世代ですよね。実 際にお会いしていても、体型が悪いとはぜんぜん感じません。
でも、実際は、「周りからどう見られているかが気になる」ということ ですね。まず、何を心配しているのか、その本質に気づくことが大事だ と思うんです。

 見かけが気になることの「本当の理由」は何かということです か?

 はい、そうです。
たとえば、私が銀行で働いていた頃ですが、身長175センチで 90キロ以上もあったんです。身体が大きいというより、ただの肥満体 型でした。でも、その時は自分の体型がまったく気にならなかったんで す。

 なぜですか? 今はとてもスリムで鍛えた身体を維持していらっ しゃるのに。

当時はとにかく接待が多かったんです。連日連夜の接待を完璧に こなしているうちに、そういう体型になってしまったわけです ね。ですから、ふくよかであることが、その時代の私にとっては仕事を していることの象徴でもあったのです。まあ、当時の職場ではそれがよ しとされていた、ということです。今ではとても考えられないことです ね。

 仕事をこなしている証だったわけですね。

 たとえば、Bさんが医療関係の営業職をしているとします。MR ですね。どんな体型が理想のイメージでしょうか？　MRの場合 はドクターを相手にするわけですから、やはり見ためも健康的で、自己 管理ができているビジネスマンと認識された方がいいでしょう。清潔感 があり、中肉中背でほどよく筋肉もついていて、BMI（ボディマスイン デックス）※2 も22〜25くらいが理想的かな。 要は、まずBさんが理想とするビジネスパーソンを意識し、自分はどう ありたいのかをイメージすることが大切です。

 具体的な理想像を持つということですね。

 もっと言ってしまうと、人事異動や転勤などがあれば、顧客や上 司など周囲は変わるものですよね。

---

※2　体重÷身長÷身長で算出する。22が最も疾病率が低いと言われている

私の持論ですが、ビジネスパーソンはエンターテイナーだと思うんです。お客様が、もしもがっちりとした体躯の営業パーソンが好きなのだとしたら、場合によってはそのお客様を担当している間は、身体を鍛えて、がっちりした体型に仕上げるとか。そうすることで、好感を持ってもらえたら、業績にも結びつくんじゃないでしょうか？

 まるで役者さんのようですね。なるほど！

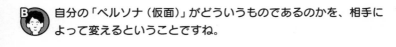 「ビジネスパーソンは役者であれ」、そう思います。逆に、もっと線が細い人の方がウケがよさそうだと感じたら、そういう印象になれるよう意識してもいいでしょう。
恰幅のよい中高年の男性相手の仕事なら、Bさん自身も恰幅がいい方が、なんとなく共感してもらえるということもあると思います。

 自分の「ペルソナ（仮面）」がどういうものであるのかを、相手によって変えるということですね。

 そういう視点を持つということも大事です。相手が上司なのか、同僚なのか。もし家族なら、配偶者や子どもたちからどう見られたいのか。自分が仕事や生活においてどうありたいのか、どう見られたいのか考えてみることは、とても大事だと思います。

 僕は広報の仕事に携わっています。

 だとしたら、なおさらペルソナの視点は重要ですよ。

会社の「見かけ」を作るプロである以上、自分の「見かけ」もしっかりプロデュースしないといけませんね。

 そこをちゃんと設定して、合わせていければいいですね。
よい見かけというのは、先程の体力、体質、体調に加えて「体型」に関わってきます。

 「体型」について、もう少し教えていただけますか？

 「体型」というのは、相手から見えやすいものですね。大事なのは、お客様から見て、好意的に受け止められるような体型なのかということ。その視点を押さえておく。
単純にやせているのか太っているのか、筋肉質なのかガリガリなのか、ということではないんです。
たとえば、ダイエットの講師がもしも太っていたら、どうでしょうか？
そんな講師の授業は説得力がないですよね。お客様は「この人は不適切だ」と思うでしょう。
どんなにすばらしいアイデアやセオリーを持っていても、自分が主とするクライアントやお客様からどういうふうに見られるのが適切なのかがわからなければ意味がありません。

 新人研修で「自分のスーツ（服）として、どんなものを着るのか」というお話を聞いたことがありますが、それに近いですね。

 そうです。どんなに高価なハイブランドのスーツを着ていても、身体が肥満体型だったら、「この人は自己管理ができていない」と、今の時代は一蹴されるわけです。どんなに頭がよかったとしても「あ、自己管理できていないのね」で終わってしまいます。そういう意

味で、第一印象の見かけは大事ですよ。
アクセサリーと同じ感覚で、自分の見かけをコントロール（設定）して
ください。

B　つまり、似合うスーツを選ぶように、自分の体型もセレクトして
いくということですね。それもビジネスパーソンの能力の１つで
すね。僕は人の視線を気にし過ぎる傾向にありますが、体型（見ため）
をコントロールできるようになれば、人の視線もあまり気にならなく
なってくるような気がします。

阿　ナルシストにはなってほしくないですけれど、「自分って、ちょっ
と相手には好印象で見えているよね」という自覚が、自信にもつ
ながるはずです。本来意識すべきは、仕事の内容ですけれど、見ための
自信を高めることで、顧客からの印象もプラスに作用して、仕事の成果
も高まると言えます。

B　人の視線を気にすることも、受け止め方次第では、仕事に悪影響
にもなるし、反対に仕事を好転させていくきっかけにもなるとい
うことですね。
気にしなさ過ぎもよくありませんが、気にし過ぎなのもよくないです
ね。

阿　自分がどう見られているのかを、まったく意識していない方も、
いらっしゃいますね。それはやはり社会人として、もったいない
ように思います。
私たちは毎年、新人研修でBさんくらいの年齢の人たちを２週間ほど教
えています。新人のみなさんの仕事が営業職の場合は、お客様の信用を
勝ち取り論理的に商品のよさをアピールして売らなければいけないので
すが、金髪に派手なピアスにネイルアートをした新人さんがいました。

実力を積み上げて、周りから文句が出ないぐらい売上実績を上げているような人なら、金髪なり、ネイルなり、派手にしてもいいのかもしれませんが、まだ新人で仕事がこれからという人たちですから。自分の見ためが相手（お客様）にどういう印象を与えているのか、不快じゃないかどうかということを、まずは気にしないといけないですね。

 そこもまたEQと関わってきますね。

## 体型と食べ方

はい、関係あります。印象の話ですから。
体型の話と関連して、なぜ太るのかを考えていきましょう。いろんな理由が考えられますが、真っ先に考えるべきは「余計なものを食べていないか」ですね。
余計なものというのは、本来摂取してはいけないもの、糖分や油などがたくさん含まれた飲み物やお菓子、人間の身体にあまりよくないと言われているもの、消化に悪いものを食べていないかということですね。
Bさんはまだ24歳で今は問題ないけれど、悪い食生活を続けていると、年齢を重ねるごとに代謝が下がりますから、お腹周りから脂肪などが蓄積されていきます。

上司にもそういう人が何人もいます。結局、この仕事を続けていると自分もこうなるのかなと悪い想像が膨らむこともあるんです。そうならないためにも、今からでも、何をやるべきなんでしょうか？

一般的には、代謝のいい身体にしていけばいいと言われています。代謝のいい身体、老廃物をきちんと出せる身体にしておけば、太りづらいでしょう。

代謝がいい身体というのは、ある程度の筋肉がついているということ。そして、食べたものがきちんと胃で消化され、腸で吸収し、宿便を溜めずに排泄できることです。

世の中を見渡すと、食べることばかり気にする傾向があるようですが、食べることよりもっと大事なのは、ちゃんと出せているかどうかです。排泄も意識して食べることがとても大事だと思います。

 排泄に関しては、どう意識すればいいのでしょうか？

 ちゃんと消化吸収して、老廃物が、便として出ているのかということですね。

私はもう15年近く1日1食ですが、夕飯には、牛肉や鶏肉、魚などのタンパク質を主に食べています。朝ごはんも昼ごはんも食べないことで、胃腸をなるべく休ませるような食生活を送っています。

ドリンクは硬水を選ぶようにしています。マグネシウムやカルシウムの含有量が多い水を硬水といいますが、マグネシウムは便をやわらかくする力があるので、きちんと定期的に排便できています。

あとは、油にも注意した方がいいでしょう。日本人は水がきれいで食べ物も豊富な国土の民族ですから、1万6000年以上前の縄文時代からあまり油を摂らなかった民族だと言われています。今のように植物油を大量に摂るようになったのは、1945年の太平洋戦争終結以降からと言われています。我々日本人が大量に油を摂るようになってから100年たっていないのですね。だから日本人の身体には油の摂り過ぎはよくない可能性が高い。そうなると、たとえば油をふんだんに使う中華料理も、食べ過ぎないよう工夫した方がよいかもしれません。

「これを食べたら、次の日の排泄はどうなるか」という意識を持つことが大事なのですね。

このタイミングで食べたら消化によくないだろうな、変なものを吸収してしまいそうだなと感じたら、量を少なめにするとか、出されても食べないとか、まずはそういう意識を持つことから始めてみてはどうでしょうか？
私も昔はマシマシ系のラーメンが大好きでしたが、ここ20年くらいラーメンは食べていません。

ラーメン、大好きです。すぐにやめるとは言えないですけど、でも、食べる回数は週1くらいに減らそうかなと思いました。
よく、仕事やダイエットを頑張った暁に、「ごほうび飯」を食べる人もいますね。あれは有効ですか？

いいと思います。しかし程度の問題です。ごほうびにケーキを一切れ、チョコを一切れ程度食べるくらいならいいかもしれません。「ごほうび」を食べ過ぎていないか、チェックするといいですね。
身体の代謝機能は年齢とともに衰えていくと言われています。今の自分の身体はきちんと代謝しているかどうか、老廃物は排泄できているかどうか確認するといいですね。
あと、「ごほうびごはん」と聞いて、大事なことを思い出しました。
今の日本は、あらゆる国の料理、いろんな食べ物が気軽に食べられます。こんなにも飽食な国は、世界中を見てもそんなにないでしょう。にもかかわらず、「日本人は飽食なのに、栄養不足」だと言われています。
この事象は単純に考えれば、我々が普段食べているものに本来必要な栄養が入っていないのでは？ ということになります。

飽食だけど栄養不足……なんだか皮肉というか、物哀しさすら感じてしまいます。

 「飽食だけど栄養不足」、これは怖いですね。極端な例かもしれませんが、たとえば、ファストフード店のフライドポテトなどにははたして栄養があるのか？ということですね。腹持ちはいいですが、栄養素が少なければ、すぐにお腹は減ってしまいます。

 今僕は24歳ですが、一概に「こういう健康習慣にすればいい」というルールがあるわけではなくて、それぞれの年齢、暮らし方、環境に合ったものを選び、自分の身体と向き合うことが大事だということがわかりました。

 身体と向き合うという姿勢は、大事ですよね。目を逸らさずにしっかりと見つめてください。

## 自律神経について

 話が変わりますが、僕たちの世代は、ほめられた経験があまりないと言われていますが、それ以上に人に叱られる経験をしてきませんでした。だから、22歳で社会人になって、いきなり世界が広がって、年齢も性格もさまざまな人たちと急に係わりを持つようになって、体調が突然おかしくなることが何度かありました。
その時先輩から、「もしかしたら、自律神経がうまく機能していないんじゃないのか」と言われたことがあるんです。

人の身体には、交感神経と副交感神経があるとお話ししました。自律神経というのは、人は意識でコントロールできない。すなわち「よし！　これから交感神経優位だ！」と意識したところで、基本的に変えられないという特徴があります。

また、副交感神経と交感神経の優位が交互にやって来て、1日の人間のリズムが作られています。

一般的に交感神経優位は「戦うモード＝昼間のモード」で、副交感神経優位は「休戦モード＝夕方・夜のモード」です。目も、脳も、排泄も、血液の流れや、胃の消化吸収も、交感神経と副交感神経の働きによって、全部真逆に変わる、そういうものと言われています。

　身体に備わったスイッチのようなものですね。

　人間は、起きて朝日を浴びることで、交感神経が優位になります。夕方くらいから副交感神経が優位になってくると、夜眠れるように入眠の準備が始まるのです。このリズムがきちんと規則正しく取れている限り、体調はおかしくなりづらいと言われています。要は、日の出と日の入りに合わせて生活を送れば、それで大丈夫ですよということです。

　明るいうちに起きて、日が暮れたら休む。この自然の流れに逆らうと、身体にも不調が起きるんですね。現代の暮らしは24時間電気をつけっぱなしのこともありますから、気をつけないといけませんね。

　テレビやYouTubeをだらだら見ていたら、気がついたら朝だった……なんてこともよくありますからね。自律神経のことを意識するのは大事です。

なお、交感神経優位と副交感神経優位は基本的にコントロールできないと言いましたが、実は1つだけ、コントロールする方法があると言われています。

それは何でしょう？

ズバリ、呼吸です。
人間は息を吸うと、交感神経優位になります。格闘家が試合前にハイスピードで「はっはっはっはっ」と呼吸するのを見たことがあるのではないでしょうか？　ハイスピードでたくさん息を吸うことで、交感神経が優位になり、戦闘モードになるのですね。
反対に、ゆっくりと息を吸って、長く細く吐くことを繰り返すと、副交感神経優位になります。
ですから、呼吸を工夫することで、私たちは交感神経と副交感神経を少しはコントロールできるのです。

覚えておきます。何か不安になった時でも、呼吸を工夫するくらいなら、いつでもどこでもできそうです。

交感神経優位にすべき場所で、副交感神経優位だと不安になります。逆に副交感神経優位にすべき場所で交感神経優位だと休んだり、落ち着いたりすることができなくなります。

朝、会社に行くタイミングにも使えそうな気がします。たとえダルくても、ハイスピードで呼吸をしたら交感神経優位にもっていけますから。

プレゼン前に緊張して不安な時でも、呼吸を速く、しっかり吸うと交感神経優位にできますよ。

 呼吸を整えるのは、いつ、どれくらいやれば効果的ですか？

 ５分でも１０分でもいいでしょう。特に交感神経優位には、吸う方（吸気）を１、２分しっかりやれば、身体の中があたたかくなってきますから、交感神経優位になってきたのがわかるはずです。
一方で、吐く方（呼気）は、ゆっくり、時間をかけて、普段の呼吸よりも４倍くらいゆっくりと吐きます。１〜４回やれば、まったりしてくるのに気づけるはずです。４、５分くらいやると実感できるでしょう。
また、呼吸とマインドフルネスを紐づけていただくといいと思います。

 呼吸とマインドフルネスを味方につけたら、週初めの不安もなんとかなりそうな気がしてきました。

 きっと乗り越えられるはずです。「朝が不安だ」とか「月曜が憂鬱だ」と思うのは、睡眠のリズムが狂い、交感神経優位と副交感神経優位がずれていることが原因であることが多いでしょう。そんな時は、朝しっかりと呼吸、特に吸気に気をつけてやってみてください。そうしたら、おそらく元気に職場に行けるんじゃないでしょうか。

 呼吸を整えるだけで、自分を戦闘モードに切り替えることができるなんて、想像もしていなかったです。
自分はダメだと思いがちでしたが、知らなかっただけでできることはたくさんあるんですね。諦めずに頑張ります。
あと、若さは永遠ではないので、基本的な体力作りと食生活や睡眠に

も、気をつけたいと思いました。

人生100年時代、まだまだ長いですものね。

はい。仕事だけでなく、充実したウェルビーイングな人生を送りたいですから、そのためにも、自分の心と身体を、もっと大事にします。

24歳の今、そのことに気づけたのでしたら、上出来です。今日からできることを始めれば、半年後、1年後、そして10年後が変わってきます。まだまだこれからですから、頑張ってくださいね。また何かあればいつでもお尋ねください。

はい。ありがとうございました。

# 第 2 章

# チームが結果を
# 出せないのは
# なぜか？

悩めるビジネスパーソンProfile

## Cさん（50歳、男性）

年下の上司がいることに悩んでいる。体力の衰えを感じ始めており、加齢への漠然とした恐怖、このまま衰えていく一方ではないかという不安もある。元マネジャーだったというプライドがあり、そのプライドがパフォーマンスを下げているのではないかとも感じている。運動不足を自覚はしているが、年齢的に健康習慣への挑戦をやや諦め気味。定年が見え始めてきている年齢でもあり、このまま定年まで働き続けられるのかなど、残された時間を考えると憂鬱で仕方がない。

## 年下上司との付き合い方

 はじめまして。今日はよろしくお願いします。この年齢になるまで、メンタリングなんて受けたことがなくて……でも、どうにかこの苦しい状態を抜け出したくて、今日は勇気を持って参りました。

そんなに緊張しなくても大丈夫ですよ。今日は仕事ではないのですから。さ、リラックスしてください。Cさんのご年齢だと、管理職として大変なお立場ではないですか？　どんなお悩みがあるのでしょうか？

50歳ですが、私は今は管理職ではありません。実は、私は「年上部下」という立場なんです。悩みの一番はそのことです。

すると、Cさんには「年下上司」がいらっしゃるということなんですね？

はい、そうです。
年下の上司がいることにストレスを感じています。自分の健康上、このストレスは本当によくないと思っているのですが、どうしても今の状況になじめない自分がいます。こういう悩みはよくあることなのでしょうか？

 私は管理職向けの企業研修でよく講師として登壇しています。そこで話すことですが、現在日本には上場企業が3800社くらいあり、いわゆる中小企業も含めたら社員が2名以上の企業数は300万社あるんです。上場企業はそのうちの約3800社ですから、企業全体の0.1％くらいの割合です。
私は約30年前のバブル真っ只中の1990年に銀行に入行しましたが、その頃はまだ年功序列の制度がありました。当然、年齢が上であれば、実力がなくても上司になっていた時代です。
でも、30年たった今は、人材の流動性は高まり、実力主義が主流になりました。そのため、年上部下も、年下上司も、どこの会社でもごく普通にいます。それは外資系の企業の話ではなく、日本の企業でもよくある日常の風景です。

 私のような「年上部下」は、珍しい存在ではないのですね？

 はい。Cさんの戸惑いはよくわかりますが、今の世の中ではごく普通の話です。Cさんだけがつらい思いをしているわけじゃないです。まずは、よくある話だと受け止めてください。

はぁ、そうですか。わかりました。これも時代の流れですかね。

 そうですね。
でも、ストレスを感じるのなら、どうにかしたいですよね。
1つ言えるのは、ストレスを感じるのは慣れていないからではないでしょうか。「年上部下」はごくありふれた存在として、自分だけがつらい思いをしているわけじゃないと受け止めるようにしてくださいね。
もう1つ大事な視点は、Cさんの若い頃を思い出してほしいということです。もしかしたら、Cさんも昔は「年下上司」だったことがあるのではないですか？

 どうだったかなぁ。年功序列が当たり前の時代でしたけれど、確かに、同じ部署に自分より少し年上の転職者が入社してきたことがありました。その時は、デスクが近いこともあり何かと気にかけて話しかけていた記憶があります。上司と部下、という関係性ではありませんでしたが。

 そうですか。
では、Cさんが年下上司の立場だったと想定して、その年上の中途入社の方に、何か特別なことを感じていましたか？

 いえ、特には……。

 そうでしょう？　そこまで何か複雑な感情を持つこともなかったはずです。ですから、今の職場の「年下上司」にも、ぜひフラットな気持ちで係わってみてはいかがでしょうか？

わかりました。私は少し、年齢のことを意識し過ぎたのかもしれないですね。

 もしCさんが役職定年をされたあとだとしたら、今は「年下上司」に貢献しようという意識を持って、組織の一員として頑張ればいいのではないでしょうか？
能力がないから「年上部下」をやっているというわけじゃないはずです。ポジションや役回りは時の運の要素もあり、その時の制度や仕組みで上がったり下がったりすることもあるわけですから。
まず、「仕事や組織って、そんなもんだ！」という意識を持つことが大事だと思います。

 なるほど。年齢が上の私が部下になるなんて、自分の能力に問題があったのかなとか、考えていました。あと、自分を卑下したりもしてしまいました。ちょっと落ち込んでいたのですが、私のような立場になることは、今や普通なのですね。

 よくある話ですよ。落ち込むことではありません。

 たとえば、チームの体制や、目指すゴールを率先するのに適任なら、年下であってもリーダー的なポジションにふさわしい人を配置するということですよね。会社としては、利益を上げ、存続することが目的ですから、こうした配属になったということですよね。
そう考えると、少し気が楽になってくるような気がします。

 はい、ポジティブな側面を捉えてください。

ただ、どうしても、若い頃の働き方の癖がついているので、その癖を「年下上司」にも当てはめてしまいますね。「このやり方は違うんじゃないか」みたいに考えてしまうのです。

過去に固執した考え方は、この際、捨ててしまった方がラクになります。ご自身でも自覚されていましたが、プライドみたいなものもその1つです。

変化に対して、柔軟であることは大事ですよね。わかりました。これも新しい挑戦かな。余計なプライドは、仕事の邪魔でしかないですね。今の「年上部下」という立場も、新しい役職か肩書をもらったくらいな感覚で受け止めてみます。

そうそう、その調子です。それくらいの軽い感じがいいと思いますよ。

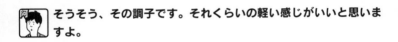

## 老化の悩み

あと、加齢による体力の落ち方も気になっています。体力に問題があると、「プレゼンティズム」が発生すると聞いたことがあるのですが、プレゼンティズムとは具体的に、どういうことなのでしょうか？

プレゼンティズムの話をする前に、もう少しだけいいですか？年下上司を持った時にCさんはマイナスの感情を抱きました。それをストレスに感じたことが、メンタリングを受けるきっかけにも

なったはずです。

その悩みの背景にある一番根源的なことは、Cさんが自分の体力に自信が持てなくなってきていることなのではないかと感じました。やはり、「若い人には勝てない」と思っているからこそ、自分が年上部下になった瞬間に、年下上司には勝てないと思ってしまい、自分を卑下してしまったのではないでしょうか？

 若い人を見れば、そりゃあ、若いというだけでうらやましくなります。

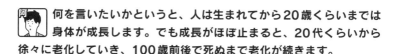 何を言いたいかというと、人は生まれてから20歳くらいまでは身体が成長します。でも成長がほぼ止まると、20代くらいから徐々に老化していき、100歳前後で死ぬまで老化が続きます。

 衰えていく一方ですよね。

誰も老化には抗えません。でも「衰えていくスピードはさまざまである」という側面があるのも覚えておいてください。Cさんが40歳、50歳だとしても、筋肉はまだまだつきますし、鍛えられます。脳だって下降線で衰えていくわけではないんです。科学的にそのような事実が証明されていることは、押さえておくといいでしょう。

 それはなんだか希望が持てる話ですね。

今、不摂生で体力が落ちていたとしても、このあと、体力をつけていくことは可能です。認知症への不安もあるかもしれませんが、年を取ったからといって、誰もが認知症になるわけではありません

からね。そんなふうに捉えておくことは大事です。

 わかりました。年齢のことだけ考えて、ネガティブなことばかりを想像するのはよくないですよね。

 その通りです。私も今50代ですから、当然、視力は落ちましたし、遠視になりました。
一般的には、シワが多くなるとか、更年期障害もあります。髪が薄くなったり白髪も増えるでしょう。さまざまな老化現象が始まると、がっかりしたり、自信を失いかけたり、自分を卑下しがちになりますが、老化は自然な現象です。外見は年齢相応が自然です。逆に年を重ねているのに、若いままの容姿だったら、化け物です（笑）。

 意識して鍛えている人とそうでない人とでは、加齢に伴い少しずつ、差が出てきそうですね。

 私自身が感じていることですが、私は若い頃より今の方が、おそらく健康だと思っています。
100m走などの瞬発力は衰えましたけれどね。でも、ある程度の練習をすれば、長距離スポーツや技術勝負のスポーツならば、昔と変わらない感じでプレイできるのではと思っています。
年を取ることについてはさまざまな誤解がありますし、老化には確かに誰も抗えません。でも、ずっと下降線を辿るように衰えるわけではなく、老化にブレーキをかけ、なだらかにすることはできると言われています。そのことをぜひ、覚えておいてください。

 なんだかずいぶん、元気が湧いてきた気がします。

## プレゼンティズムの誤解

 ちょっと話がそれましたが、では、これからプレゼンティズムのお話をしますね。プレゼンティズムとは、2005年くらいから言われ始めたもので、「健康経営」の概念の1つです。具体的には、会社に出勤していても、本来の能力を発揮できない状態のことをいいます。

初めて聞きました。健康経営……社員が健康な会社ということでしょうか？

 はい。弊社のことも含めてもう少し詳しくご説明いたしますね。「社会人は自分自身の身体や心をよい状態にすることで、ビジネスパフォーマンスを上げていこう」ということをパーパスに掲げて、私は2005年に創業しました。おそらく弊社は、健康経営のはしりの会社の1つでもあると自負しています。

それは新しい潮流ですよね。昔の企業は、社員の健康を企業の業績とは見なしていなかったと思います。

 その通りです。当時は、そこに価値を置いている企業はほとんどありませんでした。
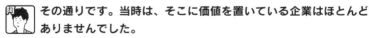
プレゼンティズムという概念と関連するものに、アブセンティズムという言葉があります。アブセンティズムというのは、労働者（勤務している社員）が、会社に出勤していない状態のことをいいます。給料はもらっているけれど、年間通じて病欠していたり、新型コロナで自宅療養中だったり、女性なら産後休暇中だったり、といった状態のことです。

そんな言葉があるのですね。これも初めて聞きしました。

 年間365日のうち営業日数が仮に200日として、年収1000万円もらっているとします。営業日数200日のうち、たとえば10%（20日間）休んでいるとしたら（病欠しているとしたら）、どうでしょうか？　年収1000万円で20日間を有給で休んでいると、その10%（100万円）が、コストとして発生しているということになります。これがアブセンティズムなんです。

 つまり、企業としては、100万円の損失……ということになるのですよね。

 企業経営上のコストとしては、アブセンティズムはわかりやすいですね。一方、プレゼンティズムの方は、今までは見えていなかった水面下のコストのことなんです。

 見えていなかったコスト？　どういうことでしょうか？

 プレゼンティズムとは、出勤しているにもかかわらず、肩凝り、頭痛、睡眠不足、腰痛、花粉症、生理痛などの何かしらの身体の不調で、本来のパフォーマンスが発揮できない状態のことです。
たとえば、100%の能力のうち、不調が原因で今日は30%しか力が出せていないとします。そうすると70%分がプレゼンティズムによるコストになるわけです。

 なるほど。確かに、出社しているけれど調子が上がらない日もありますね。でも、とりあえず会社に来てイスに座っていれば、

「働いている」ということにはなりますから。自分の今日のパフォーマンスが能力のうちの何％発揮できているかなんて、想像したこともなかったです。

 これは本人に尋ねないとわからないですよね。とりあえず会社に来ているし、仕事もしているわけですから。

100％の能力を持っているのに60％しか出せていなかったら、40％に当たる部分をコスト換算します。それがプレゼンティズムの考え方なのです。

驚くことに、企業の健康関連のコストのうち、このプレゼンティズムがなんと63％もあるという調査結果もあります。

 わりと高い数字ですね。すると、自分の実力を発揮しきれずに働いているビジネスパーソンが、それだけ多いということですよね？

 そうです。海外の企業でおこなわれた調査でしたが、日本の企業でもだいたい同じ数値結果になっています。

最初の調査結果は、2004年の「Harvard Business Review（ハーバード・ビジネス・レビュー）」に掲載されました。

全体の健康関連コストを100とした時、その出費の内訳は、健康保険で処方してもらった薬の薬剤費が24％。病欠や労働事故で欠勤部分（アブセンティズム）が13％。それ以外の63％がなんとプレゼンティズムだったのです。

 腰痛、肩凝り、生理痛などで自分の能力が発揮できていないといっても、目には見えないし、本人に聞かなければわからないということですよね。プレゼンティズムはどうやって確かめるのでしょうか？

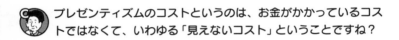

本人に聞くアンケート調査です。質問はとても単純です。本人たちには主観で答えてもらいます。主観で答えることがどこまで正確かについては、多少微妙な部分もあるのですけれどね。
要は、この1か月間（7日×4週＝28日間）、あなたの本来の能力が100だとしたら、どれくらいのパフォーマンスを発揮していたかを、0から100％の間で答えてもらうのです。それを全社員にやってもらいます。そして、会社がどれくらいプレゼンティズムのコストを払っているかを把握するのです。

プレゼンティズムのコストというのは、お金がかかっているコストではなくて、いわゆる「見えないコスト」ということですね？

そうです。会社全体としては、余計な出費をしているわけではありません。でも、年収1000万円の人が、自分の力を70％しか出せていなかったら、企業としてはその30％分＝300万円分のコストを払っているようなものなのです。そのコストの全社員合計分が、健康関係コスト全体の中の63％に当たるというイメージです。

年下上司がいるストレスを抱えている。腰痛もある。年齢も50歳で先行きに不安を感じて、仕事中本来の能力を発揮できていない部分がある。これはまさに、私もプレゼンティズムの状態になっているということですよね？

そうです。もし腰痛を抱えて出勤したとして、それが理由で自分のパフォーマンスにブレーキをかけていたとしたら、そのブレーキをかけていた分は、「腰痛を理由とした "プレゼンティズム"」です。

たとえば、社員それぞれにプレゼンティズムがあるとします。そうすると、チームの健康状態にも問題があるということですよ

ね？ チーム全体の仕事のパフォーマンスが落ちてくるということになりかねないということですよね？

その通りです。見えないコストゆえ、ピンとこないかもしれませんが、放っておくと会社全体の業績にも影響すると考えられています。でもねＣさん、こんな面白い調査結果もあるんです。

なんでしょうか？

「若い時の方がプレゼンティズムコストが大きい」という調査結果です。年を取れば取るほど、プレゼンティズムコストは下降してくるのです。不思議でしょう？

どういうことでしょうか？ 加齢とともに、私のように腰痛が出たり、新しい職場環境にも適応できなくてストレスを抱えることも増えるのに。

一般的には、そういうものですよね。
でも、若い人たちの主観的自己評価に比べて、年を取った人のソレの方がプレゼンティズムが多いかといったら、あながちそうでもないのです。ですから、「年を取った＝プレゼンティズムコストが多く発生している」という思い込みは捨てましょう。

年を取って体力が落ちてきても、必ずしもプレゼンティズムに陥ってしまうわけではないのですね。年齢に関係なく、体調管理や体力作りをしっかりしていれば、不調も減らせるということですか？

はい。自己管理ができている、自分のことがコントロールできている状態が大事ということです。

若い時の方が、二日酔いになったり、夜更かしして寝不足のまま出勤したり、自分自身の生活習慣をコントロールできていないケースが多いとは思いませんか？

これは私の憶測ですが、若い時は、それこそ体力まかせで仕事もプライベートも張り切ってしまうからではないでしょうか？　無理をしてしまうから、プレゼンティズムも高めに出る傾向があるのでしょう。

ですから、年を取るとプレゼンティズム状態がたくさん出るというのは、誤った思い込みですね。

もしかして、若い人って自分の能力を高く見積もっているんじゃないでしょうか？

それもあるでしょう。

「私はまだまだいけるのに！」とかね。私にも若い時がありましたから、なんとなく思い出せます。若さゆえの万能感というのかな。たとえば、「喉の痛みのせいで、今日は俺の本調子でなかった！」みたいなことを平然と言ってしまったりとか。今思い出すと、ちょっと恥ずかしいですが。

でも、実は日常的に不調が続いていたということもありますよね。それなのに、「多少喉が痛くても80％の力は出せた」ということに満足してしまったりして。若い時は、自分自身の力への「甘い見積もり」みたいなものもあったような気がするんです。

おっしゃる通りですね。

押さえてほしいのは、繰り返しになりますが、「年を取ったらプ

レゼンティズム状態が高くなるというわけではない」ということです。
逆にシニアの方が若い世代に比べ自己認識が厳しく、自己の体調コント
ロールの正確性が高い可能性がある。ですから、年齢のことを卑下する
ことはありませんよ。

 それをお聞きして、少しほっとしました。

## 定年の不安

 Ｃさんは50歳ですから、そろそろ定年のことも視野に入れてい
ますよね。そこに対する不安についてはどうですか？

 はい。まさにそこを心配しています。

 特に私やＣさん世代の人たちは、定年までとにかく働き続けて、
うまいことピークアウトしなくちゃいけない、という意識があり
ますよね。ただ、これも時代の流れですが、今後はもう「定年」という
考え方そのものがなくなっていくのではないかと思います。ですから、
自分の働き方や仕事の可能性に、「50歳だから限界」とか「もうそろそ
ろ定年だから終わり」という、固定観念のブレーキをかけないことで
す。そういう意識をいかに持たないかが、とても重要になってきます。

 「私の仕事人生はもう終盤なんだなあ」と、どうしても思ってし
まうのですよね。

確かに終盤であることは明らかですが、これで終了！　とイメージしたら、本当に終わってしまう。誰が"終わり"だと決めたんですか？　その考え方は、切り替えないといけませんよ。

そうおっしゃっていただけると、とても心強いです。

今は、定年の目安は65から70歳に移行しつつあります。でも、これから少子高齢化がますます加速したら、おそらく定年年齢はあっというまに80歳になりますよ。そもそも海外では定年がない国もありますから。日本もいずれ、そうなっていくでしょう。

働けるうちは、働き続けた方がいいのでしょうか？

そりゃそうですよ。当たり前です。いつまでも働けるのなら、それに越したことはないでしょう！

これは余談ですが、先日、大学の期をまたいだ同窓会に久々に参加しました。ちょうどみんな還暦前後。大企業に就職した人が多いのですが、「定年だからもう終わりだ」なんて思い込んでいる方がたくさんいることに、大変驚きましたよ。みんな大きな勘違いをしているなと。「もう終わりだ」と言っても、還暦超えていきなり人生が終わるわけじゃありません。じゃあ、そのあとどうするの？　という話ですね。

生きていくため、経済性を担保するためにも働かなくちゃいけないでしょう。それなのに「もう終わりだ」なんて思っているなんて。それはもう、意識を根本から変えないといけない。

働かずに年金や退職金でなんとか食いつなごうという発想は、今の時代もう古い。働けるうちはしっかり稼ぎましょうと、私はそうアドバイスしましたよ、同期や諸先輩方に。

私は今まで、マネジャーという役職にもつき、すごく頑張って働いてきました。

 「自分は頑張って働いてきた」という自負がある方ほど、「定年になったらもう終わり（＝必要とされなくなる）」と感じる傾向がありますね。

 定年で感じるかもしれない自己喪失感や無気力感を想像すると、怖くなります……。

 先程もお伝えした通りですよ、Cさん！　「定年＝終わり」じゃないです。その思い込み、捨ててしまいましょう。切り替えましょう。社会には、働く場所はたくさんあります。Cさんの提供価値はまだまだ社会に期待されているはずです。社会に期待されていない人、まったく役に立たない人なんて、存在しません。

 社会から期待されているのなら、何か自分にできることがあるはずですよね。

でも、間違いなく最近の私は、視野が狭くなっていましたから。そのせいで、年下上司が気に入らなくて、くよくよしてしまったり、プライドを捨てられずに苦しんだりしていました。

 ですからリスキリングが大事ですね。

副業もどんどんしてみてはどうですか？　自分がしたい仕事はなんなのか、自分が培ったスキルが他の業界でどう活かせるのか、副業をしたら見えてくるかもしれません。

そういうことに気づけば、年下上司くらいで悩むこともなくなるでしょう。「上司といってもまだまだ若いな。仕方ないから神輿でもかついであげようか」くらいの気持ちになりますよ。

そうか。年上の余裕と懐の深さで、若い上司をサポートするくらいの気持ちでいたいですね。

プレゼンティズムについて教えていただいて、目からウロコでした。会社のパフォーマンスを上げるにはとても大事な考え方ですね。この学びを年下上司と共有することもできますよね。そうすれば、チーム全体に貢献できますし、自分自身の自信にもつながっていきそうです。

その調子ですよ。1人よがりではなく、チーム全体のことを俯瞰して見ること。そうしたら、自分は年上部下だから……なんてくよくよすることもなくなるでしょう。

「自分はこの会社でしか働けない」と思うと、自分よりも若い上司にびくびくしてしまいがちです。

でもね、一歩会社の外に飛び出してみて、世の中を見渡してみたらいろいろなものが見えてきます。50歳まで働き続けたCさんに、何も価値がないわけがないでしょう？　若い上司よりも、Cさんの方がよっぽど人生経験豊富だし、できる仕事もたくさんあるはずですよ。そのことに気づきましょう。

副業でもアルバイトでもなんでもして、会社の外でできる自分の仕事の可能性を探ることも、今の自分を知る上で、非常に有効なはずです。

世界は広いですし、チャンスはたくさんあります。チャンスと思えるかどうかも、自分の意識の持ち方次第です。

上司・部下は「上下の関係」と考えてしまいがちでした。でも、「仕事上のパートナー」と考えればいいんですよね。もし私が若い上司を下支えすることになっても、別に私の方が人間的に低い位置づ

けというわけではないですものね。

仕事の業績を上げていくためのパートナー、チームの一員として対等に見るようにします。

そして、年上部下の私だからこそ、パフォーマンスの向上に貢献することができると自信を持ちたいです。

そういう視点で、年下上司やチームを見れば、ストレスも減っていきそうです。

 もっと言えば、Cさんがすねた感覚を持っていると、年下上司にも伝わってしまいます。それはお互いによくないし、仕事もうまく回らなくなるでしょうね。悪循環です。

だから、変に年上、年下なんてことは気にしないで、「若い上司の神輿をかついでやろう！」くらいの気持ちでいればいいわけですよ。

それくらいの実績、経験、スキル、マインドがCさんにはおありなはずです。

 せっかくマネジャーまでつとめて、スキルもあるのに、それを発揮しないのはもったいない話ですよね。そう気がつきました。

チーム全体のことを考えたら、私にできることはまだまだたくさんありますから。

私がすねた気持ちでいたら、「年下上司」だけでなく、「チーム全体」にも、そのネガティブな気持ちが伝わってしまいますものね。

 おっしゃる通りです。

 もしかしたら「なんであの人、助言しないんだろう？」「かつて同じ課題を抱えて、成功体験もあるのに、なんでそれをチームで発揮してくれないの？」と周囲に思われていたのかもしれません。反省

です。

## 運動とプレゼンティズム

 あと、運動の話を少しさせてください。最大心拍数と運動に関するお話もしたいと思います。

厚生労働省が紹介している、日本人の最大心拍数の計算式は「220 －自分の年齢＝最大心拍数」です。

私が仮に60歳だとしたら、「220 － 60 ＝ 160」が、私の最大心拍数です。

その最大心拍数の60 〜 70％くらいが、ちょうど軽く息が上がるくらいの心拍数なんですね。

最大心拍数が160だとしたら、その60 〜 70％は96 〜 112ですから、間を取って「100」くらいを「目標心拍数」とします。

私は朝起きて一番に、血圧や心拍数を測るようにしていますが、だいたい私の心拍数は「70」とか「65」くらいです。「65」くらいの心拍数を、「100（目標心拍数）」まで上げると、どうなると思いますか？

 少し息が上がるくらいの運動をするということですよね？　そうすると、かなり血の巡りがよくなるとか、そういうことでしょうか？

 そうですね。軽く息が「はあはあ」上がるくらいだと心地いい感じです。それは脳の隅々まで血液が行き届き、心臓から遠い手先や足先まで血液が流れている状態です。

その時、身体の中で何が起きているかというと、単純化して言えば、酸素を乗っけた血流が隅々まで行き届くので細胞が生き生きしてきます。

| 最大心拍数の求め方 | 目標心拍数の求め方 |
|---|---|
| 最大心拍数＝220ー年齢（歳）<br>※最大心拍数は運動負荷を上げていき、<br>　最高に頑張った時の心拍数 | 例：50歳の場合<br>220ー50＝170（最大心拍数）×0.6～0.7＝102～119 |

| 年齢 | 目標心拍数（60～70%） |
|---|---|
| 20 | 120～140 |
| 30 | 114～133 |
| 40 | 108～126 |
| 50 | 102～119 |
| 60 | 96～112 |

逆に血流が悪く、身体の隅々まで血液が届かないと、細胞はどんどん死んでいってしまうイメージです。

運動とは、血流を全身に送り届けて自分を蘇らせるようなことなのですね。

その通りです。目標心拍数くらいを目指すと、ちょうど心地よく、筋肉も疲れずに、血液が全身にくまなく行き届きます。
これを目指して1日10分でも20分でもいいので運動すると、身体の調子もよくなるはずです。
目標心拍数以下だと、血液が行き届かないこともありますし、逆に目標心拍数よりもかなり高過ぎると、今度は筋肉が疲れてしまいます。筋肉が疲れ過ぎると、筋肉を再生するためにエネルギーが取られてしまうの

で、ほどよく「目標心拍数」を目指すのがいいでしょうね。

 私は50歳ですから、だいたい102～119の心拍数を目安にして身体を動かせばいいのですね。すごく具体的でわかりやすいです。ありがとうございます。
ちょっと、プレゼンティズムに話を戻してもいいですか？　プレゼンティズムは目に見えにくいものですよね？　自分自身がプレゼンティズム状態かどうかに気づくには、どういう注意が必要なんでしょう？

気づくことですか……？

 たとえば、いつも肩が凝っていると、その状態が日常となってしまって、「今、凝っているな」ということに鈍感になると思うんです。今自分が「プレゼンティズム状態」だと、あまり感じられないのではないかと。

それ、説明不足でしたね。すみません。
プレゼンティズムが発生しているかどうかというのは、あくまで主観なんです。たとえば、1か月くらいを振り返った時に、100ある力のうち自分がどれくらい出せていたのかということを考えて、自己評価すればいいでしょう。
そして、100ある力のうち80しか出せていないことがわかったら、「じゃ、なぜ80しか出せなかったのか？」を振り返ります。
そうすると、「この1か月、肩凝りがひどかったな」「腰痛があったな」「新型コロナに罹った」「花粉症だった」「案件が続いて睡眠不足だった」など、いろんな原因が思いあたるはずです。
あるいは「薬を処方されて服用したら、業務時間中、睡魔と戦う時間が長く続いた」とかですね。

振り返ることで、80しか出せなかった原因の候補が絞れるはずですよ。そういうロジックで常に整理するといいと思います。

 そうすると、自分のプレゼンティズムの原因がわかってくるということですね。

 そうです。そこがわかったら対処法が見つかりますね。
「あ、そっか。私は肩凝りによって、プレゼンティズムが発生するんだな」と気づけば、「肩凝りにならないようにマッサージをする」「ウェイトトレーニングで僧帽筋を鍛えるためのシュラッグをする」など、対策を取れます。そうすれば、安定的に仕事でパフォーマンスを上げることにつながります。

 プレゼンティズムの原因がわかれば、それを解決するための行動に移せるわけですね。

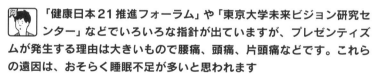 「健康日本21推進フォーラム」や「東京大学未来ビジョン研究センター」などでいろいろな指針が出ていますが、プレゼンティズムが発生する理由は大きいもので腰痛、頭痛、片頭痛などです。これらの遠因は、おそらく睡眠不足が多いと思われます
さらに、日中（仕事中）に眠たくなるという悩みをビジネスパーソンからよく聞きますが、その理由も寝不足によるものが多いでしょう。またお昼にラーメンやパスタをお腹いっぱい食べたとか、ごはんを大盛りにしたとかね。そんなに炭水化物をたくさん食べたら、午後、当然眠たくなります。
そういう回避すべき行動習慣に気づくことが大切です。与えられた仕事を時間内にきちんと終わらせたいのなら、昼ごはんの食べ方も注意したいところです。
プレゼンティズムをもとにしたこういうアドバイスを、年配者としての

経験談を交えながら、チームのメンバーに伝えられたらとてもいいと思いますよ。

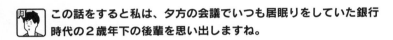 ぜひ、今後はそうしたいです。私の場合は、年下上司にそういったことを提言するということですよね。チーム全体のプレゼンティズムの状況を見て、「あ、この人だったらこうだな」ということを伝えれば、パフォーマンスの向上につながるということですね。

この話をすると私は、夕方の会議でいつも居眠りをしていた銀行時代の2歳年下の後輩を思い出しますね。

会議で居眠り……さすがに疲れていてもできないですね。見ている方がヒヤヒヤしそうです。

その後輩は、居眠りの常習犯でしたね。当時は「だらしがないな」「気持ちがダメだな」としか思っていませんでしたが、もしかしたらその後輩は、夜にちゃんと眠れていなかったのかもしれないですね。

あるいは、昼ごはんに炭水化物を摂り過ぎたせいで、午後の2〜3時に血糖値が下がりかけた時に、再び血糖値を上げるためにエナジードリンクのようなものを飲んでいたのかもしれません。その反動で夕方眠たくなっていたのではないかと。

周囲からのアドバイスは、大事ですよね。アドバイスされるのもそうですが、年齢を重ねたら、アドバイスをする側にならないといけないと思いました。いい形で、チームのパフォーマンス向上につなげたいですね。50代というシニアだからこそ、周囲とのそういう連携ができるのかもしれません。

そうですよ！　年齢のことをそういうポジティブな視点で捉えるのは大事ですよ。忘れないでくださいね。

特に私と一緒に働いている年下上司の場合は、意識的に健康的に働こうとしている印象です。むしろ、このような健康にまつわる話が通じやすい環境にいると考えていいと気づきました。

そうですね。それも、ポジティブな捉え方の 1 つだと思います。

## 運動の仕方

再び健康維持のための運動について、少し質問させてください。チームのプレゼンティズム状態を下げるためには、自分自身も健康でいないといけませんよね？　でも年齢には抗えないもので、最近だいぶ老いを感じています。
運動を習慣化できるようにしたいのですが、長い時間確保することが無理なんです。健康維持のために運動をするのなら、ある程度しっかり、毎日時間を取った方がいいのでしょうか？

運動時間に関しては、ちょっと誤解があると思っています。長時間運動する必要があるかというと、決してそんなことはありません。もちろん、したい人はすればいいでしょう。でも、目的次第ですが最低限の時間でも効果はあります。
他の方とのセッションでもお伝えしていますが、私は 1 日 2 分程度しか運動をしません。

健康を維持し、私生活でも仕事でもいいパフォーマンスを発揮したい、できれば短時間で、最低限の運動で効果を上げるにはどうすればいいのかを考え続けた結果、この「1日2分間の運動習慣」に辿り着きました。要は密度の濃い運動をすれば、短時間でもいいという考え方ですね。時間がないから運動できないというのは、言い訳にすぎません。短い時間でも、自分に合った運動方法を見つけることが大事です。

 改めて、具体的に教えてもらえますか？

 一般論ですが、運動することにより、筋肉量は維持されます。筋肉が落ちてくると姿勢も悪くなり、骨折もしやすくなりますから、筋肉をつけるのだとしたら、大きい筋肉から鍛えていくことがより効率的です。

 大きい筋肉というのは、よく言われる「体幹」を支えるような筋肉でしょうか？

 はい、そうです。
男性も女性も、やはり「体幹」をまず鍛えることがいいと思います。背中、腹筋、太ももの筋肉。このあたりを中心に鍛える運動をするといいでしょう。

 具体的にはどんな内容でしょうか？

 腹筋を鍛えるには、やり方にもよりますがたくさんの回数、たとえば200～300回くらい反復運動しないとダメと言う人もいますが、それには20分くらい時間がかかります。

ですから、私は短時間で済ませられる「ローラー腹筋」をしています。バーをつかむローラーのような器具を使い、ぐるぐる、ぐるぐる……と、前後運動をやるんですね。それを1日10〜20回やります。所要時間はせいぜい30〜60秒くらいです。

 そんなに短いのですね！

 忙しいビジネスパーソンが、運動にあまり時間をかけていられませんからね。
腕立てもしますが、私の場合は片手腕立てを、片方10回ずつおこないます。両腕でやる場合は、15〜20キロくらいのウェイトベストを着て、肩甲骨を寄せながらやります。こうすると身体に負荷がかかるのですが、所要時間はせいぜい30秒くらいですね。
太ももを鍛えるために、「かがみ跳躍（ジャンピングスクワット）」も取り入れています。これを20〜30回こなします。慣れてくると刺激が少なくなるので、やはり15〜20キロくらいのウェイトベストを着て、重たいダンベルやペットボトルを持ちながらやるようにしていますよ。

 短時間とはいえ、かなりハードな内容ですね。

 はい。でも負荷をかけないと筋肉は鍛えられませんから。そのおかげであまり衰えていないように思います。そういう自分の身体の反応をつかんでいれば、運動するモチベーションも見出せるはずです。隙間時間や短い時間でできる運動はたくさんあります。場所も取りませんからね。せいぜい1〜2畳分のスペースがあればいいでしょう。ぜひおすすめします。

私は50歳ですが、今からでも遅くはないのですよね？　何度も年齢のことを尋ねてしまってすみません……。

 筋肉をつけるには、筋肉のもとになるアミノ酸、プロテイン、タンパク質を最低限食べる必要はあります。
厚生労働省が成人のタンパク質摂取量の目安を出していますが、およそ「自分の体重×1〜1.5グラム」と考えるといいでしょう。
それを参考にすると、たとえば、体重60キロの人なら、「60×1〜1.5」で60〜90グラムですね。きちんとタンパク質を摂取して運動をしていれば筋肉はつくはずです。

 運動とセットでタンパク質を積極的に摂り、体質改善に努めることも重要なのですね。

 何を食べるかは、とても重要です。私は1日1食ですが、鶏肉や牛肉、魚などを、食材に対するタンパク質の含有量も踏まえて適切な量を積極的に食べるようにしています。また、厚生労働省によると、以前に比べて高齢者はタンパク質を摂取した方がいいという報告もされています。

 私より少し年上の先生を見習って、私も50歳だからと諦めず、生活習慣全般を変えていきたいです。今日お話を伺って、若い頃から刷り込まれてきた「働き方の常識」みたいなものを、今こそ捨てなければと感じました。年下上司にびくびくするのではなく、自分からサポートするくらいの余裕を見せたいですね。おそらく、私の人生経験をもってすれば、無理しなくてもそれくらいのことはできそうです。今までそれができなかったのは、自分に「この年齢のビジネスパーソンはこうあるべき」みたいな思い込みがあったからだと、客観的に自分を見ることができました。

| 年齢別のタンパク質の総エネルギーに対する摂取目標量 (%) ※カッコ内は1日当たりの推奨量 (グラム) | | | | | | |
|---|---|---|---|---|---|---|
| **2020年版** | | | **2015年版** | | | |
| 年代 | 男性 | 女性 | 年代 | 男性 | 女性 | |
| 18～29歳 | 13～20(65) | 13～20(50) | 18～29歳 | 13～20(60) | 13～20(50) | |
| 30～49歳 | 13～20(65) | 13～20(50) | 30～49歳 | 13～20(60) | 13～20(50) | |
| 50～64歳 | 14～20(65) | 14～20(50) | 50～69歳 | 13～20(60) | 13～20(50) | |
| 65～74歳 | 15～20(60) | 15～20(50) | 70歳以上 | 13～20(60) | 13～20(50) | |
| 75歳以上 | 15～20(60) | 15～20(50) | | | | |

厚労省「日本人の食事摂取基準（2020年版）」より著者作成

阿 人生の定年は、自分が自分に定年を設定しなければ、永遠にやって来ないものですよ。まだまだ50歳。これからまだ長いですよ。自信を持ってくださいね。

⬤ 自分のためにも、年下上司のためにも、そしてチームのパフォーマンス向上のためにも、まだまだ頑張ります。今日はありがとうございました。

悩めるビジネスパーソン Profile

## Dさん（33歳、女性）

品質管理部門のマネジャー。年上部下が多い部署のマネジメントをしなければならず、悩んでいる。父親と同じくらいの年代の部下たちはキャリアが豊富であり、自分は女性であることもあって、舐められているのではないかという気持ちが拭えない。また、いわゆる「働かないおじさん」の存在にも困っていて、彼らが訴える健康上の不調についても、あまり理解ができていない。このままではチームをうまく回すことができないのではないかという不安から、疲労感があり食欲も落ちてしまいがち。

## 年上部下への悩み

 なんだかもう、疲れました。この状態をなんとかしたいです。アドバイスをください。

 どうされましたか？

 職場に「働かないおじさん」がたくさんいます。その上、私はこうしたおじさんたちの上司の立場なんです。正直、こんな厄介なおじさんたちに関わりたくはないですが、そうも言ってはいられません。業績は上げないといけませんし。私の立場でできることって、ある

のでしょうか？　もう今八方塞がりで、自分ではどうにもできなくて、
今日はここに来ました。

 たくさんありますよ！

 教えてください。

 2つお伝えすることがあります。
1つ目は、もしも「ピープルマネジメント」について学んだこと
がなければ、ぜひ、勉強してみてほしいということです。ピープルマネ
ジメントとは、仕事の成果ではなく、メンバー1人ひとりに向き合い、
仕事における人間関係、パフォーマンス、モチベーションなどを含め
た、成長にコミットするマネジメントのことです。Dさんの「もう係わ
りたくない」と言った発言から、もしかしたらDさんはピープルマネジ
メントのスキルを学んでいないのではないかと感じたのですね。
ビジネスパーソンはマネジメントの立場に立った瞬間に、人心掌握した
り、リーダーシップを発揮したり、部下をマネジメントすることを "学
ぶ" 必要があります。今は知識がないから不安になっているのではない
でしょうか？

 上司であるためのスキルを自分から学ぼうとは思っていませんで
した。教えてもらうのを待っているだけじゃだめですものね。自
分から情報は取りに行くようにしてみます。

 2つ目は、Dさんが心の中で「女性である自分の方が男性よりも
能力が下なのではないか」「年齢が下の人間は年上の人よりも能
力が低い」というような、固定観念があるのではないか？　ということ

を問いたいです。

 意識したことがなかったです。ただ、若いということは経験が少ないから、その点では、年上の人たちには到底敵わないだろうというふうには感じていましたが。

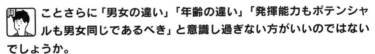 私見ですが、私は女性の方が総合的に優秀だと感じています。仕事から少しそれますが、女性が生命を宿して産むことができる力を備えているという点で、男性よりも生命体としてはるかに優れているのではないかと思うのですね。

ですからDさんが、年上の部下たちをマネジメントしづらいと感じているのは、Dさんが無意識のうちに、「自分の方が男性よりも能力が下だ」「年齢が下だと能力が低いのではないか」と思い込んでいることが、仕事のやりにくさにつながっているのではないかと思ったんです。

確かに、必要以上に気負ってしまっていると感じました。

ことさらに「男女の違い」「年齢の違い」「発揮能力もポテンシャルも男女同じであるべき」と意識し過ぎない方がいいのではないでしょうか。

まずはマネジャーとして必携のスキルとして、人をマネジメントするコツを学ぶことです。

ですから、ぜひ「ピープルマネジメント」を学んでください。知識が備われば、心理的な不安もずいぶんなくなるはずです。

その上で、「男性のマネジメントは難しい」「年上部下へのマネジメントは難しい」と感じているのだとしたら、Dさんに根深い「ランク意識」が潜んでいる可能性がありますね。このランク意識は4つあるのですが、それらを捨てる必要があります。

## ランク意識と自己免疫マップ

また固定観念を突破するには、「自己免疫マップ」を参考にするといい
ですよ。「自分にはこんな固定観念があったんだ！」と気づけます。固
定観念を突破できたら、おそらく、年下上司であるDさんも、つまら
ないことで迷わなくなりますよ。

 ランク意識や自己免疫マップって、なんですか？

 成功循環モデルとか、社会人の成人発達理論の中で出てくる概念
です。ランク意識には「社会的ランク」「文脈的ランク」「心理的
ランク」「スピリチュアル的ランク」の4つがあります。
この4つのランクのうち一番最初の「社会的ランク」に囚われている
と、生きづらさを感じると言われています。そして自分がどんなランク
意識や固定観念に囚われているのかを把握したり、突破したりする際に
自己免疫マップを使います。
自己免疫マップは、いろんなテーマに対して活用できます。この図解
は、左から見ていきます。Dさんにも1部資料をお渡ししますね。は
い、どうぞ。

 ありがとうございます。

 左から順に「改善目標」「阻害行動」「裏の目標」「強力な固定観
念」、と、4つのステップを踏んでいきます。
これを眺めていると「こんな固定観念があるからうまくいかないんだ」

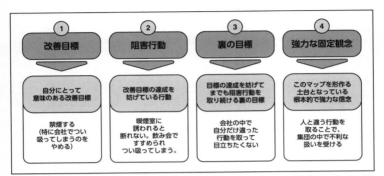

出典『なぜ人と組織は変われないのか』(ロバート・キーガン、リサ・ラスコウ・レイヒー著／池村千秋 訳) を基に著者作成

ということに気づけます。だから、ぜひ個人でやっていただきたいのですね。

 どうやって見ていけばいいのでしょうか。

 では、ご説明しますね。
ここで紹介しているのは、たばこの話です。
もしも「たばこをやめたい！」「禁煙したい！」と思っているとします。
「会社で禁煙したい」と思っていても、やっぱり吸ってしまう人はいるわけです。実際によくある話ですね。
それはどういう状況なのかというと、この「自己免疫マップ」を見てみるとわかります。
うまくいかない行動のことを「阻害行動」と言いますが、改善を妨げている行動としては、「いや、やっぱり会社では吸わない」と誓っていても「喫煙室に誘われると断れない」というようなものがあります。あるいは「飲み会に行くとやっぱり１本だけなら……」と吸ってしまうとい

うのも同様です。だから「たばこをやめられない」となってしまうのですね。

 何度も禁煙宣言をしているけれど、結局もらいたばこをしてしまう方、いますよね。

 なんでそうなってしまうのか、わかりますか？

 うーん、やはり意志が弱いから、負けてしまうのでしょうか？

 「自己免疫マップ」の一番左側を見てください。ここには「改善目標（禁煙する）」が書いてありますね。
実は、この「改善目標（禁煙する）」には、まったく正反対の「裏の目標」（「自己免疫マップ」の左から3番目）が潜んでいるのです。それに気がつかないといけません。

 つまり「会社の中で自分だけ違った行動を取って目立ちたくない」とこの表には書いてありますね……。

 そうなんです。
会社の中では今まで「たばこ（喫煙）組」だったのに、吸わない行動を取ることにします。
すると、「たばこを吸わない」という選択をした瞬間に、「人と違った行動を取って、やっぱり悪いふうに目立ちたくないんだよね」という気持ちが湧き起こってくる……だからやっぱり、吸ってしまうとなるわけです。
「目立たないように行動しよう」となるのは、自分の中になんらかの固

定観念があるからです。

 その固定観念とは……？

 それを見つけ出すのが、自己免疫マップを使ったワークなんですよ。「目立たないように行動しよう」とする自分にはなんらかの固定観念がある。それを探り当てることで、たばこをやめられない理由がわかってきます。
このケースなら、「うちの会社では、人と違った行動や目立った行動を取ると、集団の中で不利な扱いを受ける」という「強力な固定観念」があることがわかります。
このことに気づけて、さらに「ほんとはそんなことないよね（＝人と違う行動を取っても集団の中で不利な扱いを受けることはないよね）」と自分で気づけた時、おそらく、たばこをやめることができるのだと思います。
こうした固定観念に気づくためのワークを自分自身でやってみましょう。かなり有効ですよ。

 すごく参考になります。人の心理というのは、とても複雑なのですね。表向きの自分の気持ちがあり、でも実は、その裏側にも気持ちがあるということですね。

## チームの禁煙推進

 私はチームのパフォーマンスを上げるために、チームの人たちの健康を指導したいんです。父親くらいの年齢の年上部下のおじさ

んたちは、「たばこ行こうぜ」と喫煙室に行って、15分くらい帰って来ないこともあります。そのことがとても気になっています。

 そうでしょうね。たかが15分とはいえ、それが日に何回も……4回で60分、8回で2時間となれば、どれだけのたばこ休憩時間になるのか。

 その通りなんです。チームにも影響がありますし、健康経営の立場からも、たばこをやめてほしいんです。
ただ、私のような年下で女性の上司が、父親くらいの年齢の男性に「健康のためにたばこはやめましょう」と伝える難しさをすごく痛感しています。どうしたら、おじさんたちの気持ちを動かすことができますか？

 たばこが身体によくないことは、みんな知っているんですよね、本当は。でも、やめられない理由は2つほど考えられます。
1つは、先程お伝えした固定観念ですね。たばこを吸う仲間たちから外れてしまうと思い込んでいること。そこに気づけばおそらく習慣は変えられるのです。

 2つ目はなんですか？

 大きな勘違いです。
私は何度か、実際に企業の中に入って禁煙を実現するプロジェクトメンバーの1人として関わった経験があります。『MBA式 健康防衛』（クロスメディア・パブリッシング）という著書でこのことに触れていますのでよろしかったらご一読ください。

D 禁煙のためのプロジェクトまで立ち上げる企業があるのですね。それくらい、喫煙行動は社員、はたまた社員のご家族の健康を害するものだという危機感の表れですね。

阿 そうですね。ここ最近は健康への意識が高まっていることもあり誤解も少なくなってきていますが、かつては「たばこを吸うと、頭が冴える」「たばこを吸うとパフォーマンスが上がる」なんてことを言うビジネスパーソンもいました。しかし今では大きな誤解だったという認識に変わっています。
実はニコチンやタールが切れて、ゼロの状態からマイナスになった時にニコチンやタールを摂る（喫煙する）と、その影響はマイナスがゼロに戻っただけのことであり、自分のパフォーマンスが上がったわけじゃないんです。
Dさんの年上部下のおじさんたちも、そのことに気づければいいのですよね。

D なるほど。科学的根拠に基づいた事実を伝えることは、説得力がありそうです。また、たばこを吸えないからといって、疎外感を感じるのも誤解だということにも気づかせないといけませんね。

阿 人を動かしたい時は、こうした事実をありのまま伝えることが大事ですね。
ニコチンとタールは依存性の物質ですから、効果がなくなればイライラしたり落ち着かなくなるのも当たり前なので、悪循環を断ち切るということですね。年を重ねれば重ねるほど、ニコチンやタールはより排出しにくいとも言われています。諦めずに年上部下に対して、健康経営上の指導はしてほしいです。

確かに、父親と同年代の部下たちに説明する時は、「身体に悪いですよ」とか「15分の休憩は長過ぎですよ」と言うよりは、「ニコチンやタールは依存性が高いです。そのため、たとえ喫煙しても、ゼロの状態からマイナスになった状態を再びゼロに戻しているだけで、たばこそのものには何も効果はないですよ」というふうに、具体的に伝えた方が、今までと比べても格段にいいですね。

たとえば、勉強会のようなものを開いてそうした情報を共有するとか、それも健康指導の第一歩になりそうな気がします。

伝え方、伝える内容を変えることは、いい試みだと思います。Dさんは、今は年上部下にたばこの弊害を伝える話をしていますが、この先、自分よりはるかに年下の新人にもそういう話をしなければいけなくなるかもしれません。自分よりも若い、新世代の社員に喫煙者がいたら、早め早めに、そういうアプローチを取る必要があります。先々のことを考えた時、ぜひ、そうした視点を持つようにしていただきたいです。

ほとんどの会社では、業務中の喫煙を禁止する流れに変わっています。業務中にたばこを吸うということは、吸わない人に比べると休憩時間が長引くわけです。それは健康経営上も、実務的にもよくありません。直接的な「プレゼンティズム」はないですが、業務時間中の休憩がたばこを吸わない人に比べて長くなるのは事実ですから。

そんなこともあり、業務時間中に喫煙するのは、ルール上NGという会社が増えてきているのですよ。

そのことも、たばこをやめられない年上部下のおじさんたちに伝えるといいでしょう。「もう時代遅れですよ」とまでは言わなくても、「こうした世の中の流れをキャッチアップしましょう」ということですね。

喫煙室自体を、オフィスから撤去するか閉鎖した方がいいですね。私の立場で何ができるかわかりませんが、健康経営上の理由

を挙げて、人事部や総務部に提案してみようかな。

新しいことを始めるのは勇気がいりますが、「社員の健康と会社の実績をよくするため」という真っ当な理由があれば、社内提案する価値はありそうです。

あと、Dさんにとっては追い風になる情報があります。上場している企業は、財務諸表、有価証券報告書を出すことがルールになっていますが、その有価証券報告書の発展版で、2024年くらいから「統合報告書」を提出しなければなくなります。その中には「人的資本経営」という報告項目があります。

具体的には、「社員の健康状態」「肥満（BMI 30以上の人）が何人いるか」「欠勤率がどれくらいか」「喫煙率がどれくらいか」「毎年どれくらい改善しているのか」などを、報告することになりました。

こうした流れを受けて、当然会社（組織）としては、「喫煙はやめなさい」という傾向がさらに強まることが容易に想像できますね。

嗜好品という言い訳はもう通用しないですね。「いつまでも逃げずに、早くやめた方がいいですよ」と伝えなくてはいけないですね。こうした事実も味方につけたら、私でも毅然と、おじさんたちに伝えられそうな気がしてきました。

父親くらいの年齢の方たちですしね、今まで少し遠慮もしていましたが、むしろ身体に気をつけなければいけない年齢だからこそ、「私、あなたのためを思って言っているんです」と言わなくてはいけないかな。

1人で会社をやっているのなら、1人でたばこを吸って、自分の健康は自己責任で、という話なんですけれどね。でも、組織の一員として働いているのですから、そういうわけにはいきませんよね。それはちゃんと自覚を持ってもらわないと。

その通りですね。喫煙室が遠いこともあり、行き帰りで 15 〜 20 分も席を外されていたら、実際困ります。

 **喫煙室自体が、オフィスビルの中にないというのが主流になりつつあります。**
**私が新人研修で訪れている大企業の話ですが、以前は煙を完全に吸収する最新型の換気機能がついた小部屋がありました。喫煙のためにわざわざ外に行くのが大変だということで設置されたそうですが、今年の新人研修の時には、その小部屋は完全に閉鎖されていたんです。それくらい世の中は変わってきています。**

 会社の人事部や総務部などを説得する時にも、他社の動向を伝えると、説得力が増しそうですね。ぜひ参考にします。

## 身体の動かし方と威厳

 話は変わりますが、私は小柄で身長もあんまり高くはないので、そうした風貌のせいで、舐められているんじゃないかと感じてしまうんです。
たとえば、身体の姿勢を正したり、もっときびきびと動いたりすれば、説得力も増して、見くびられることもなくなるんでしょうか？
体勢や身体の動かし方が人にどのような印象を与えるのかについて、教えていただけますか？

 **いいご質問ですね。人をまとめる立場にある人は、そういう部分もより意識しないといけない時代だと思います。**
**姿勢がいい、背筋がピンと伸びているのは、体幹の筋肉がしっかりして**

いる証拠です。体幹がしっかりしていれば、姿勢がいい。リーダーとして人前に立ち、威厳のある姿を見せたいのでしたら、日頃から体幹を鍛えるようにするといいでしょう。

肩や背中が丸まると、どんどんみすぼらしい印象になり、筋肉も変なつき方をしてしまいます。

姿勢がいいだけでかっこよく能力が高そうに見えるものですよ。また、小柄な方でも、姿勢がいいだけで実際の身長よりも大きく見えるものです。

 なるほど！

 だから、そういう効果があることは、押さえておきましょう。
そしてもう1つの身体の動かし方について。動きがゆっくりだと「老いている」「エネルギーレベルが低い」と思われやすい。逆に、動きが俊敏だと、「若い！」「エネルギーレベルが高い」という印象を人に与えるわけですね。

確かに、ご高齢の方でも、歩くのが速かったりすると、とても若々しく感じます。

身体が小さいのを気にしているのであれば、あえて、身体を俊敏に動かしてみてはどうでしょうか？　のっそり動くのではなくて、シャキーンとしてみる。イスから立ち上がってものを取る時は、のろのろ、とろとろ動くのではなく、すばやくする。

そういうことをやっていると、「ああ、この人、"エネルギーレベル"が高いな」という印象を与えますよ。逆にエネルギーレベルが低いことによって舐められてしまうというか……見くびられてしまう可能性は否定できません。なんとなく弱々しい印象だと「この人は自分よりも弱い＝

能力低いな」とかですね。

**D** 背が低いことがコンプレックスでしたが、そこまでコンプレックスに思うこともなかったのかもしれませんね。だって、姿勢や動作なら、いくらでも変えられますから。

**阿** 背が小さい劣等感、上等じゃないですか！　それはDさんの個性です。
年上部下のおじさんたちに見くびられないようにするならば、姿勢をよくして、俊敏に動くこと。それだけでエネルギーレベルが高い印象を与えますから、「できる人だな」と思われますよ。
加えてもう1つ言うならば、「声」を意識してみてください。

**D** 「声」ですか？　おじさんたちに話しかける時は、どことなく遠慮しているのもあり、声も小さめに、控えめになりがちだったかなぁ。

**阿** エネルギーレベルの高さの源泉の1つは、「声の大きさ」と言われています。ちゃんとした大きい声が、滑舌よく出ているでしょうか？　そして、はっきりとしゃべっているでしょうか？
だらだら、もごもごしたしゃべり方は弱々しい印象を与えますからね。
今日お話ししている印象では、Dさんはそんなしゃべり方をしていませんけれど！　より滑舌よくしゃべれば、威厳が備わると思います。

**D** 体勢、身体の動かし方、声の出し方などで、「たばこはよくないからやめましょう」の一言の説得力が変わってきそうですね。
チームの健康を維持するには、マネジャーとしてそういうところに気をつけなければいけなかったのですね。よくわかりました。
むしろ、私みたいな立場だと、そういうところに気をつけるだけでも、

かなり効果を発揮できそうです。力を入れるべきポイントがつかめてきた気がします。……なんか、自分がもっと変われそうな、尊敬されそうな気がしてきました。

 おじさんたち相手に、変に気張らなくてもいいのですよ。そもそも、Dさんよりも年上部下のみなさんは人生経験は豊富なのだから、そこは勝てるわけがないと割り切るといいでしょう。
でも、あなたはそのおじさんたちの上司です。その組織の中では、おじさんたちよりも上のランクです。ですから、上司として部下に媚びへつらうことはなく、言うべきことはきちんと言わなくてはいけません。
もちろん暴言を吐くのとは違いますよ。
健康上の大切なことなどはしっかり伝えつつ、彼らは年長者ではあるので、人生経験はきちんとリスペクトすること。そういう係わり方をすればいいんじゃないでしょうか。
そうすると、年上部下もだんだんと、上司であるDさんの頑張りや仕事への姿勢がわかるようになってきますよ。

たまたま私のポジションが上になってしまったのは、仕方がないことですよね。会社の方針、資格や過去のキャリア上の経験など、総合的なことで人事や評価が決まるのですから。
でも、年上部下であっても、きっと、言うべきことは言ってほしいと思っているはずだと気づきました。「言いづらいことだから言わない」なんていうのは、相手と向き合っていないことになるし、余計よくないですね。

その通りですね。Dさんはその点で、決して失礼な振る舞いをする方ではないはずですから、大丈夫だと思います。
経験や年長者へのリスペクトは必要ですが、このバランス感覚をしっかり持てば、33歳で年上部下を束ねることになっても、別になんら問題

ないでしょう。

## チームのプレゼンティズム解消

 健康経営を意識しているので、プレゼンティズムについても質問させてください。私の立場としては、チームのプレゼンティズム全体を見なければいけません。これについては、どのように対処すればいいですか？　たとえば、月１でアンケートを取るとか？　そういうのは効果があるでしょうか？

 月１より、年に一度でしょうか。
Dさんご自身でやるのが大変なら、健康管理部門や人事部の力を借りるといいでしょう。その際は、会社全体との比較で見ることをおすすめします。自分たちのチームだけを見ても、絶対値だから、結果の良し悪しがわからないですよね。「会社全体の中で、自分たちのチームはこれくらいの結果だったから頑張ろう」とした方が、説得力が増します。

 他部署の力を借りるのは、助かります。私だけでやろうとすると、１人よがりになってしまうかもしれませんし。

 結果が出たあとのアドバイスの仕方について、１つ言わせてください。
プレゼンティズムが発生する理由は、「肩凝り」「睡眠不足」「腰痛」「夜更かししている」「寝る前にスマホを見過ぎている」「アルコールを飲み過ぎている」などが多い傾向があります。
調査結果からそのあたりのことが見えてきたら、プレゼンティズムが解消できるような数値で示したアドバイスをするようにしてください。

具体的には、どうすればいいのでしょうか？　データの有効な見方というか、社内での活用方法を教えてください。

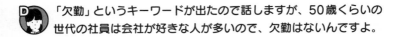 今年度の全社員の、ある1か月のプレゼンティズムの数値が、仮に40％だとします。プレゼンティズムが40％というのは、40％分がパフォーマンスとして発揮できていない（自分の力を発揮していない）ということです。
それに対して、自分のチーム（たとえば10人チーム）のプレゼンティズムは、55％だったとします。
会社全体と比較すると、自分のチームは15ポイント悪いわけです。
改善に努めた結果、もし翌年同じように調査して、自分のチームのプレゼンティズムが30％になっていたら、25ポイント改善したということになりますね。

ちなみに、私たちは品質管理の部署なのですが、「破損品を少なくしましょう」などを目標に掲げることがよくあります。そこに、「チームの健康を向上させましょう」というゴールを設定すると言うこともできますよね？

はい、もちろん有効な目標だと思います。
単に「『欠勤率』を減らしましょう」というのがアブセンティズムの改善だとしたら、出勤していてもパフォーマンスが低い状態をテコ入れして、「チームの品質向上を目指しましょう」というのがプレゼンティズムの改善です。

「欠勤」というキーワードが出たので話しますが、50歳くらいの世代の社員は会社が好きな人が多いので、欠勤はないんですよ。

なるほどね。そうかもしれませんね。

 ただ、全体的に体力が落ちているのはみなさん自覚があるようです。先程お伝えしたように、喫煙の習慣もやめられないので、プレゼンティズムについては、かなり問題を抱えている状況だと思います。私が把握できているくらいですから。
今日のお話を聞いて、どう改善して行くのかという筋道が少し見えてきたような気がします。

## 毎日の体調管理

 プレゼンティズムよりもわかりやすい指標としては、やはりBMIですね。
アスリートが筋肉を増やした結果、体重が増える分には、BMIが高くても問題ないと思います。でも、多くの40～60代の人たちで、運動習慣が減り、体重が増加傾向にある場合は、脂肪の増加が考えられます。
「最近太ってきた」と感じたら、単純に食べ過ぎだったり、運動不足が原因だったりします。「食べるものを変えたらどうですか？」「運動を始めてみませんか？」とか、そのあたりの提案をするといいかもしれません。
体重が増加すると、病気がちになったり、結果的にプレゼンティズムにつながったりすると言われています。体重増加に対しては数値としてちゃんと出てくるので、アドバイスしやすいでしょう。

**D** 私の印象で「ちょっと太ってきましたね」ではなくて、「（数値を見て）ちょっと体重が増加傾向にあるようですよ」ということが言えるわけですね。

**阿** 「毎朝定点観測するみたいに、体重を測るようにしませんか？」という提案もありだと思います。レコードダイエットというやり方がありますが、体重だけじゃなく、心拍数と血圧、そして体温もチェックしてみると自分の変化の有無に気づきやすくなります。
手首につけるだけで計測できる機器など、今は簡単なものがたくさんあります。スマートウォッチで定点観測する方法もありますね。

**D** 体温なんて、熱が出た時くらいしか測らないですね。

**阿** 私は、朝起きたら即、何も飲まず食わずの状態で、全裸で体重を測ります。そして、体温と心拍数と血圧を測ります。
そうすると、昨日食べたものや飲んだもの、睡眠時間など何が原因で数値が上がった（下がった）かがイメージできるようになります。体温が下がれば下がるほど免疫力も落ちると言われていますから、体温チェックもとても大事です。
こうしたことをご自身でも習慣化し、チーム内で展開することはすばらしいと思いますよ。

**D** なるほど！ いいことを聞きました。
最初はうるさいなと思われるかもしれないけれど、「あなたのことを思ってやっているんですよ」「あなたに健康でいてほしいのですよ」と。「あなた個人が健やかであってほしい」という想いから、体温、体重、血圧の計測をおすすめしているんです、ということを伝えますね。
そして、はっきりした声、きびきびした動きで伝えるということが大事

ですね。

自分のことを想ってくれる人、心配してくれる人を悪く感じる人はいないと思います。そうすると、個人の健康が改善していって、結果的にチームのパフォーマンスも改善していくならすばらしいですね。

阿　その通りです。付け加えるなら、中には「結局、自分のマネジメントの評価をよくしたいからそう言ってるんだろ」などと斜に構えて捉える人もいるかもしれません。

そういう人には、こんなことを伝えてください。

「今後の人生を考えると、100年生きるのは当たり前。もしかしたら人生120年時代もそう遠くはないかもしれない。定年が撤廃される可能性もある。そのことを考えたら、やはり健康的な生活を送り、仕事をすることが、誰にとっても大事なことだと思っている。加えて、今は上司の1人として、あなたの今後の健康と人生のことをとても気にかけているんです」と。

「私はこう考えています」と私を主語にして、きちんと伝えることですね。マネジャーとしての自分の評価を気にして言っているんじゃなくて、もっと長い目で、自分と部下の健康や、仕事、人生を捉えているということを伝える努力を怠らないことです。

D　「自分の評価が気になるから、そういうことを言うんでしょう」なんて、すごくひがみっぽいリアクションですが。そういう発言をする人に対しても、きちんと向き合います！

阿　いろんな人がいますから。変化することを要求されると、生活を改善したくないし運動もしたくない人は言い訳を始めます。だから、そういう他責発言が出てきがちなものです。

それは自分もわかります。

そう言われないためにも、きちんと論理立てて伝えるようにするといいでしょう。

私が所属しているのは品質管理の部署なのですが、マネジャーとして「人的な品質管理」もここで考えていくということですね。

今時の言葉で言うと、「人的資本経営」の観点から、人の品質管理もとても大事ということです。

働かないおじさんが会社にいて、そのことで頭を悩ませていました。でも、働かないおじさんに囲まれているのではなくて、「健康上の課題がある "働けないおじさん" に囲まれているのだ」と考え方を切り替えます。そして「働けないおじさんたちは、なぜ働けないの？」という視点も大事ですね。
そうすると、「健康上のなんらかの原因があること」に気づけました。
そこから、「部下たちの品質管理」すなわち「部下たちの今後のための、健康管理」につなげていくということですね。
品質管理部門の私にとっては、しっくりくるお話でした。

その通りですね。あとはそれをDさんが、どれだけ堂々と実行できるかです。

年上部下のおじさんたちにいろいろ言っても無駄な気がして、疲れてしまうことやイライラしてしまうこともありました。
そうすると、自分の体力までもが不安になってしまって。私も33歳ですから、決して若くはないと思っています。

今日のお話を伺って、年上部下たちをリスペクトしつつ、毅然と正しいことを言おうと気持ちを新たにしました。しかし、もしかしたら、おじさん相手に強く言える自信がしぼんでしまうことがあるかもしれない、という不安も少しあります。

うまくいかなくて落ち込んだりすることもあるかもしれないです。そうなった時は、どうしたらいいでしょうか？

 年上部下の全員の行動変容ができるなんてことは、最初から思わないことです。

仮に 10 人の年上部下がいて、最初から全員変えようと思うから、腰が重たくなるし自信もなくなるわけです。「自分にはできない」と思ってしまうんですね。

 では、全員を変えようという考え方自体を、最初から持たないようにすればいいんですか？

 はい、自分の意見、信念、考え方に賛同してくれる人を 1 人でもいいから作ることを目標にする。自分のフォロワーを 1 人作ること。それから始めてみてはいかがでしょうか。そうしたら、その 1 人のフォロワーが、自分のフォロワーを 1 人、2 人と増やしてくれます。

こういう戦い方をすればいいじゃないでしょうか？　そうしたら、ちょっとは気が楽になりませんか？

 確かにそうですね。そっか、まずは 1 人でいいんだ。気が楽になります。ありがとうございます。

 最初から全員一律に変えるなんて、もともと現実的ではありません。

漠然と、チームとしての「かたまり」として年上部下たちを見ていました。まずは「1人」を見ること。1人がたくさん集まってチームになるわけですから。1人ひとりと思えば、すごく気持ちが楽になります。

まずは1人を変える。その1人がDさんをフォローしてくれたら（信奉してくれたら）、その人がまたDさんのフォロワーを増やしてくれます。
そうしたら、そんなに大変ではないはずですよ。
一撃必殺でいけばいいんですよ。全員倒そうとしないことです。
まず自分の強力なフォロワーを1人作ることから始めましょう。

メンターのアドバイスをお聞きして、やる気が出ました。
自分の言葉と態度に自信を持って、まずは、年上部下の1人だけでもいいので私の思いを汲み取ってもらえるように、働きかけてみたいと思いました。今日は本当に、ありがとうございました。

第 3 章

# 会社が
# 成長しないのは
# なぜか？

悩めるビジネスパーソン Profile

## Eさん（40歳、男性）

仕事上の悩みは、離職率が高い会社で、人材が集まりにくいこと。個人としての悩みは、喫煙習慣があり、禁煙が続かないこと（でも、「きっといつでもやめられる」という感覚もある）。経営層と若手社員とをつなぐような「中間管理職」の立場にある。会社の「健康経営」を、新規顧客獲得や新規事業の提案以上に重要だと考えている。離職率を抑え、業績も上がるように、「健康経営」に重きを置いた会社の仕組み作りを真剣に考えている。

## 健康経営の推進

こんにちは。今日はよろしくお願いします。
「健康経営」のことでいろいろ考えておりまして……その相談がメインですが、それに付随してさまざまなもやもやを抱えています。優秀な人材を獲得するための焦り、経営上の不満など。
経営層との意識のギャップも感じているんです。個人的にはたばこもなかなかやめられないですし。ちょっと悩みがとっちらかっていて、すみません。まとまりのない切り出し方で申し訳ないのですが。いろんなことが同時に頭をよぎってしまいまして……。

いえいえ。何から話していいかわからないというケース、とても多いのですよ。

**1つひとつ、紐解いていきましょう。ここはそういう場所ですからね。**

 ありがとうございます。

仕事（職場）に関してですが、会社に魅力がないのかなと感じています。現場と経営層に溝があるようにも感じています。経営層の意識改革ができていない気もするのですね。

個人とチームの不調が、業績に影響を与えているのではないかと思うのです。

全社的に社員の「フィジカル・シンキング」の浸透を考えていますが、ここは現状、不徹底です。どうすればいいのでしょうか？

 **ちなみにEさん、あなたは中間管理職的な立場にあるのでしょうか？**

 はい、そうです。経営層と若手社員の間をつなぐパイプのような立場ですかね。

ですから、経営層にも若手にも、健康経営のことを伝えないといけません。特に若手はまだよくわかっていませんから、「健康経営ってこういうものだよ」ということを私が教えていかないといけないんです。

そもそも、私も経営層もイマイチ「健康経営」のことがよくわかっていないというか、理解しきれていないのかもしれません。我が社がトレンドに乗り遅れているかもしれないんですが、せっかくここに来ましたので、健康経営について基礎から教えていただけませんか？

 **健康経営という概念がなぜ出てきたのか。まずはそこからお話しします。**

 お願いします。

もともと健康は、個人のものであって、会社の管理職や経営者が社員の健康にまで係われない、というのが日本企業の社員の健康に関するスタンスでした。

ただ、その常識が近年、大きく変わりつつあるんですね。

……というと？

2025年問題です。聞いたことがありますか？

はい。ニュースなどで聞いたことはあります。

今、2023年ですから、あと2年後ですね。昭和でいうと、昭和100年にあたります。

昭和100年……なんだかピンときませんが。

そうですよね。日本のGDPは500兆円くらいなんですが（ドル換算）、2025年には国の健康関連の支出が40兆〜50兆円、すなわちGDPの10分の1になると言われています。そういう大きな流れの中に、今、私たちはいるんですね。

それをどう、今の自分と結びつければいいのでしょうか？

あまりにも大きな金額ですから、なんだかピンと来ないでしょう。

仮にEさんが年収1000万円だとしたら、年収の10分の1の医療費がかかるということです。1000万円の10分の1は、100万円ですね。収入に対して医療費が1年間に10％もかかっているとしたら、どうでしょうか？

月にしたら8万～9万円！　かなりショッキングというか、けっこうな金額ですよね……。

健康経営に国を挙げて取り組もうとしているのは、まさにこの医療費を抑制したいからと言われています。そこで、まずは上場企業から進めていこうという大きな流れがあります。

なるほど。

本来は病院にかかる必要がないような身体の不調らしきことでも、反射的に薬を飲む、すぐに病院にかかりたいと思ってしまうのが人の心理です。そのため、余計に医療費や薬剤費が増してしまっているという事情も背景にあるようです。

そういう経験、ありますよ。でも、どうしてそれがいけないんでしょうか？

ポピュラーな身体の不調である発熱を例に取りましょうか。熱が上がるのはなぜだと思いますか？

風邪をひいた時とかですよね。感染症に罹った時とか。

 そうです。ウイルスや細菌が身体に入ると、自己免疫機能が体温を上げて、侵入してきたウイルスや細菌を撃退しようとします。そこで解熱させてしまったら……どうなるでしょう？

 悪いものを撃退できなくなりますよね。

 その通り。だから、熱が出たから反射的に解熱剤を……というのは、ちょっと改めないといけない面があると思うんです。何が原因で熱が出ているのかを、自分の頭で考える癖や習慣を持つことが大事ですね。もちろん大事な仕事があって、熱を下げたいなどの状況で病院や薬に頼る判断を自分ですることも大切です。とにかく自分の頭で考えることが重要ですね。

 考えたこともなかったなぁ。

 調子が悪くなったらすぐに病院に行く。とにかく薬を飲む。こうした反射的な対応を取ってしまっている人はたくさんいると思います。私も若かりし頃はそうでした。その結果、本来必要のない医療費がかかってしまっているという一面もあるということです。その医療費がGDPの10％くらいにまでなってきているという事実を踏まえておきましょう。これは会社経営に置き換えたら競争力を失いかねない状況です。

1人ひとりの金額は少なくても、チリも積もれば……ですよね。

 そうです。ただ、国が国民1人ひとりに訴えかけたとしても、なかなか浸透しづらい。そこで、「健康経営」という概念の浸透を、まずは大企業の社員を対象にして進めていこうとしていると考えていいでしょう。社員の健康状態をよくすることで、結果として企業が支払う直接的・間接的医療関係費を削減しようとしているわけです。
たとえば、BMIが30以上になると疾病率が上がると言われています。いわゆる「メタボ（メタボリックシンドローム）」ですね。健康経営上の大きな施策の1つは、メタボの人を減らすという狙いがあります。
そしてもう1つの施策が禁煙、すなわち喫煙者を減らすことです。

 禁煙……私は何度も挫折しているから、耳が痛いですね。

 喫煙は受動喫煙のリスクもありますから。

 そうですよね。やはり、何がなんでも禁煙しなくちゃいけないか……。

 危機感を改めてお持ちになったのなら、それはよかったです。
いろいろな仕組みが考えられますが、まずは「メタボ人口を減らすこと」「喫煙者を減らすことを徹底すること」を「健康経営」の柱として考えていただくとよいと思います。

 経営陣と話をする機会はたくさんありますが、こうしたことへの理解が乏しいんです。「健康経営」というと、「経営状態が健康で

あること」と思い込んでいる経営者も多いんですよ。そういった誤解を解くにはどうしたらいいでしょうか？
「赤字経営＝不健康」で、「黒字経営＝健康経営」みたいな思い込みですね。
それを説得するにはどうしたらいいのかが悩みです。

 まずは誤解を解くことから始めましょう。

## 社員の健康は会社の資本

 個人の健康って、実は、会社にとっての資産ですよね？　それを経営陣に説明したいのですが、「個人の健康は、会社にとっての資産」という考え方は、合っているのでしょうか？

阿　その通りです。もっと言えば、資産というよりも資本です。
それは昨今言われている「人的経営資本」上でも、社員１人ひとりの健康、所有しているスキルは、組織にとってなくてはならないものです。

資産というよりも資本……ですか。その違いは？

阿　いや、そんなに厳密にこだわることもないのですけれどね。財務諸表の考え方や意味合いに照らし合わせば、「資本はずっとあるもの、元手」であり、「資産は消費するもの、使い道」という意味合いです。

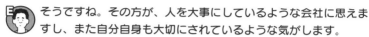

ですから、社員１人ひとりの健康は、資産よりも資本と言うべきだということでしょう。

そうですね。その方が、人を大事にしているような会社に思えますし、また自分自身も大切にされているような気がします。
会社を挙げて健康的になることを徹底していきたいと私は考えています。メンターは１人ひとりの「フィジカル・シンキング」力を高めようということをおっしゃっていますが、フィジカル・シンキングを会社全体に浸透させるためには、どういった努力が必要でしょうか？

そうですね……そもそも、業績がいいというのは、どういうことか？　そこから考えてみたいと思います。社員のみなさんが頭がいいとか、スキルを身につけているとか、そういうことだけじゃないんですね。パフォーマンスを上げるには、社員のみなさんの心や精神状態がいいことがベースにあります。
そういう状態というのは、やはり身体……ボディと言ってもいいですし、フィジカルと言ってもいいのですが、そういったものがいい状態であると、結果として精神・心・気分もよくなります。そして業務上のスキルもよく発揮でき、パフォーマンスもいい状態になると言われています。この３つのことが連動しているということを、まず理解しましょう。
これがフィジカル・シンキングのベースの考え方です。

そうすると、個人でフィジカル・シンキングを実践しようとすると、今の考え方に基づいた生活習慣の改善が必要なのですね？

今申し上げたことをピラミッド構造にしてお話しますね。
このピラミッド構造には、一番下のベースに「ボディ（フィジカル）」があり、真ん中に「心・精神」があり、一番上に「スキル」が来ま

す。一番大事な土台は「フィジカル」ということです。

こういうピラミッド構造でパフォーマンスが発揮されることを社員1人ひとりが理解して、実践に移していくことが健康経営の第一歩とも言えるでしょう。

また、会社の健康経営を推し進める際の指標として、よく挙げられる代表的なものは、メタボの指標と喫煙率の指標です。たとえば、現在会社全体の中で100人のうちメタボの人が20％いるとします。そうしたら、来年はこれを15％まで減らそう、3年後には10％以下にしようと、具体的にKPI化していきます。

このように、具体的に数値化しフォローしていくことが、健康経営を会社組織全体で進めていく時のポイントになります。

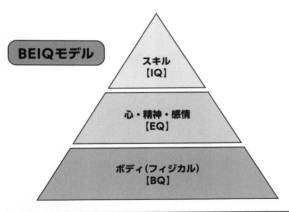

指標で見せるのは、上司にも部下にも説明がしやすいですね。数字で見せられたら「これだけ差がありました」というのが一目瞭然ですから。「なんとなく健康になろう」といった曖昧なゴール設定だと、うまくいかない気がします。数字で示すことは、私の立場でできる取り組みとして、励みになります。

そうですね。１つ補足させてください。
そうはいっても、社員の中には「いいよ、メタボのままで」とか、「私はパフォーマンスを上げているから、太っていてもいいよ」とか、そういう反応をする人もいます。
そんな社員への対処法として、企業側が取り組むべき関わり方と考えられるのは、「健康状態が改善した人にはポイントを付与する」「会社の中で何か使える無料のサービスを提供する」「部下のメタボ率や禁煙率をマネジメント層の業績評価項目に入れる」などの、何かしらの報酬制度を取り入れることです。こうした取り組みを始める組織もたくさん出てきています。

努力したことを目に見える形で評価してもらえたら、モチベーションも上がります。弊社でも、こうした取り組みを上層部に具申してみようと思います。

全社員の健康意識を高めるために「会社の社員食堂ではエナジードリンクは販売しない、もしくは高めの価格設定にする」といった取り組みもありますね。また、社員食堂で提供される健康的な食事は値段を安めに設定する、たとえば健康的なタンパク質中心の定食などは値段を下げて、唐揚げやラーメンなどの油が多く不健康になりやすいと言われる食べ物は、相対的に値段を高く設定するとか。そういうメリハリをつけている会社も増えています。

そうなんですか!? そこまでやっているのですね。

## 社員の健康への投資

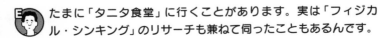 そこまでやらないと、なかなか意識改革が進まないのでしょうね。まさに健康投資ですね。企業として先手必勝で何かしらの手を打つのは、健康投資をすることでリターンが大きいという点があるからですね。

確かに。コストよりも効果が高い。よくわかります。病気になる前に病気にならないように健康管理に気をつければ、結果的に医療費も抑えられますよね。
そこが全体として見えていないと「なんで禁煙しなくちゃいけないんだよ。特に悪いところないのに」「メタボだっていいじゃないか」という反発が起きてしまいますね。

今だけでなく、長い目で見てもいいことがたくさんある、と社員に認知させることが大事ですね。社員食堂でおいしくて身体にいいものが、安く食べられたらとても喜ばしい。同時に、身体にいいものとは、将来的にさまざまな病気になりづらい身体を作るものだと認知させていく。そういう企業側のコツコツとした取り組みの継続的実践が、社員が会社に感謝する土台にもなり、社員の健康への意識改革にもつながっていきます。

たまに「タニタ食堂」に行くことがあります。実は「フィジカル・シンキング」のリサーチも兼ねて伺ったこともあるんです。

行って気づいたのは「こういう食べ物いいな！」と直感的にわかるような食事が用意されているのですよね。それを眺めていると、「こういう食べ物を食べなくちゃいけないんだな」という感覚が芽生えてくるんです。

そのあと、近所の定食屋に行って油ぎとぎとの「唐揚げ定食」なんて食べると、「これはよくないな」としみじみ感じます。

一度「身体にいい食事」を体験してみるのも大事な気がしました。

 実際に体験してみるというのはすごく大事です。百聞は一見に如かず、ですからね。

また、味の濃いジャンクフードを食べれば食べるほど、薄味が多い健康的な食べ物に手が伸びづらくなっていくという傾向も実際にあるように思います。

 確かにそれはわかる気がします。

 不健康なものを食べれば食べるほど、よけいに不健康なものがおいしくなってくるという悪循環ですね。

ですから、会社の食堂ではできるだけそういうものは出さないようにする、会社の自動販売機にはエナジードリンクは置かないなどの取り組みは、とても大事に思います。

 社員食堂を備えている会社は、大企業が多いですよね。

 そうですね。私が会社員になりたての頃のバブル時代に比べると、社員食堂も少なくなりましたけれどね。しかし、また一部復活しているようにも感じます。

社員食堂がない会社であっても「お昼はこんなものを食べましょう」とか、健康な食事の情報を周知する努力は必要ですね。「こういうランチにした方が、午後の打ち合わせや営業訪問で頭や身体が動きやすくなりますよ」とか。ちょっと食事に気をつけるだけで「動きやすくなる」のなら、そういう情報は個人的にも知りたいところです。社員へそういう告知をすることも大事ですね。

その通りですね。

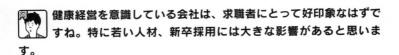
## 健康経営と採用

今現在、健康経営の取り組みはまだおこなっていないので、人材を募集をする時に、そのことが障害（デメリット）になるのではないかと心配です。
逆に、健康経営ができている会社は、求職者にとって魅力的に映るのではないかと思うんです。そのあたりは正しい認識でしょうか？ それを実行するには、どうしたらいいでしょうか？

健康経営を意識している会社は、求職者にとって好印象なはずですね。特に若い人材、新卒採用には大きな影響があると思います。

なんとなく業績がよくない、また社員の健康に無頓着な会社は、淀んだ空気があるように感じます。

はい。ですから、健康経営を実践していたり、そういうことに重きを置いている会社は、働いている人たちも軽やかです。エネルギーレベルも高いですし、ポジティブな発想ができる社員も多いように思います。求職者にとって印象がいいのは当たり前で、企業側としてもプラスでしょうね。

最近の傾向を言えば、そういう企業は、そもそも喫煙者を採用しないように思います。

ちなみに、私の会社は禁煙問題が取り沙汰されるはるか昔の2005年から、そうしています。私がたばこを吸わないこともありますが、そもそも身体によくない、かつ受動喫煙がまずいのは明らかでしたから。

 喫煙者を採用しないというのは、採用差別になりませんか？ちょっとそのことが不安になったのですが。

 それは、「健康経営上」そう考えている、という会社の理念がしっかりあって、きちんと表現できていることが大事ですね。

 「私たちは健康経営を目指しています」ということを堂々と言えばいいんですね。その上で、「喫煙者の採用は控えるようにしています」と。やみくもに「喫煙者はお断り」とするのではなく、会社としての経営理念を伝えるようにすればいいのですね。

 「社員の健康を大事にしている会社だからこそ、喫煙者がダメだとは言わないけれども、業務中は原則禁煙ですし、なるべく喫煙者を減らすための取り組みをしています」と伝えるといいのではと思います。

## 健康経営銘柄の活用

実は、私自身が、何度も禁煙で挫折をしているんです。自分の弱みでもあるのですが……。「健康経営」の旗振りをしても、それが原因で説得力がないのがここ数年の悩みです。

また、会社として「健康経営」に一度舵を切ったら、後戻りはできないのではないかと心配になります。どうしたらいいのでしょうか？　対策や対応を教えてください。

今、経済産業省の取り組みとして、「健康経営銘柄（「健康経営」に優れた企業として東京証券取引所の上場会社の中から選定された企業）」「ホワイト500（健康経営優良法人の1つ。大規模法人部門の中の上位500社が受けられる認定のこと）」などの認定を国が推進しています。これは2、3年で終わる一過性のものではありません。

昔の「メセナ（見返りを求めない、企業がおこなう芸術文化支援のこと）」のようなものは、旗を振り上げても簡単に下ろすことができましたけれど、「健康経営銘柄」ですとか、「**DX（デジタルトランスフォーメーション）**※3 銘柄」みたいなものは、国の施策（フック）としておこなっていますから、会社組織としても一度始めようと決めたら、ブレーキを踏みづらいものです。

Eさんの懸念もよくわかります。当然、企業の行動なので、縛りはありません。でも、一度始めたらやめにくい環境であることは確かです。なぜなら、「健康経営銘柄をやめた」ということが周囲に知られたら、それはマイナスですよね？

心象があまりよくないですよね。

阿　特に上場企業やそれに近い大企業は、そんなマイナスイメージに
なることはしたくありませんからね。よほど業績が悪化してそれ
どころじゃなくなったら「健康経営銘柄」を手放すこともあるかもしれ
ませんが、そうじゃなければ、一度やり始めた以上、投げ出すことはな
いでしょう。必要とする優秀な人材の採用にも影響があると考えられま
すから。

E　「（健康経営銘柄を）やめた」というのは、すごいネガティブキャ
ンペーンになってしまいますね。それはちょっと恐ろしい。「我
が社は健康はどうでもいいんだ」と宣言するようなものですものね。

阿　一度「やります！」と宣言したら、引き下がりにくい世の中では
あります。
DXに関しても、SX（サステナビリティ・トランスフォーメーション）[4]
に関しても。

E　健康経営を応援する国の方針に沿って、会社も覚悟を決めてその
波に乗るべきなのですね。今のお話でよくわかりました。
それでも、社内のプライオリティーとしては、新規事業を立ち上げたい
とか、新規顧客を獲得したいとか、そういうことの方が優先されがちで
す。そうすると、健康への取り組みは、優先順位の3位、4位、もしく
はそれ以下になることもありそうです。
「健康についての取り組み」の地位をアップさせるには、どうしたらい

---

※3　企業がビッグデータなどのデータとAIなどのデジタル技術を活用して、業務改善、組織や企業文化の改革
　　などをすること。
※4　SDGs推進の流れを受けて、「サステナビリティ＝持続可能であること」への取り組みが必須となっている。
　　SXは、社会のサステナビリティと企業のサステナビリティを同時に追い求めることで、新たな変革を生み
　　出すことを意味する。

いでしょうか？
そのための根拠 ──たとえば「新規事業を立ち上げるのと同じくらい重要である」と納得させるだけのもの ──を説明するには、どうしたらいいでしょうか？　アドバイスをお願いします。

「社員が健康になったら、それで終了」ではないですよね。
健康経営はあくまで手段と捉えるといいのではないでしょうか。
健康経営を実践している会社の実績は、経済産業省の調べでは、上場企業ベースだと株価が高いと言われています。
あとは、健康経営銘柄に選ばれるのは、健康経営を実践しているだけじゃなくて、「経常利益がここ３年プラスになっています」ということでも選ばれているのです。
健康経営は、新規事業開発に比べたら優先順位は低くていいだろうという認識は大きな誤解です。両立を目指すべきものですね。
社員が健康であれば発想力も高まります。
社員が健康で、脳の状態もよければ、同じ時間ならより高いパフォーマンスを上げられますし、短い時間でも高いパフォーマンスを発揮できることにつながりますから。

つまり新しい事業を立ち上げたり、業績を上げたければ、「まずは、健康であれ」ということですね？

その通りです。両利きの経営ですね。

８時間も９時間も、アイデアを絞り出すためにダラダラと会議をするよりは、それぞれが健康であれば、より新しい発想力を発揮したり、パフォーマンスを上げたりすることにつながるということですね。

この方法論で説得したら、うちの上層部も納得してくれそうな気がします。
それでもやはり、もし納得しない人がいたらどうしたらいいでしょうか？

**まず、日本は民主主義ですから、当然反対意見があってもよい。その上で健康経営を推進すれば、結果として、プレゼンティズム（出勤していてもパフォーマンスが低い状態）といった見えないコストが下がるので、結果として売上や利益が上がるという構造になります。もし勘違いをしている経営者がいたら、その話をしてあげてください。普通の感覚の経営者なら「健康経営にシフトして、悪いことはないよね」という判断になるはずです。**

会社を健康経営にシフトさせるためには、本当に個人が健康でなければいけませんよね。そうしないと健康のありがたみ（メリット）を感じる度合いが変わってくると思います。そのあたりも大切なのかなと感じました。
メンターが健康経営をサポートしてきた中で、ここはダメだったなと感じた会社はありますか？　打てども響かなかった……という会社の事例があれば、教えていただけますか？

**やはりそれは、健康経営の銘柄を取ることだけが目的になっている会社です。手段の目的化状態ですね。社員が健康になることの大切さに実感が持てない経営者が旗振りをすると、やはり、社員もピンと来ないでしょうね。**
**別の例ですが、上場企業になるために頑張ろうと、社長が社員に呼びかけたとします。でも社員には、「経営者や創業者にはキャピタルゲインが入るからいいけれど、社員はぜんぜんハッピーにならないよね」ということが社員に伝わってしまうとうまくいきません。そういう構造と似**

ています。

 すごくわかりやすいです。つまり経営者の目的が透けて見えてしまうということですよね？　「なんで私たちがそんなことに協力しなければいけないの!?」と反感を買いかねないということですね？

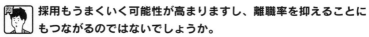 そうです。

反対に、経営層が本当に社員の健康を大切に考えたら、その姿勢はちゃんと伝わると思います。

たとえば、これからの時代はさらに高齢化が加速します。平均寿命が120歳で、定年も80歳を超えるのが当たり前の時代になるかもしれません。そんな未来を想定して、「君たちがうちの会社でずっと働き続けるかはわからないけれど、でも、うちの会社にいる間は、やはり健康でいてほしい。君たちの人生にも必ずプラスだから、私は健康経営をしたいと思っているんだよ」と、語りかけたらどうでしょうか？

こういうスタンスで社員に接し、自分も健康であろうとする上司（経営者）の場合は、うまくいく可能性が高い。

ただ、とりあえず「健康経営銘柄」を取らないと、社員の採用率もよくならないみたいだし、「どこもみんなやってるから、取っておこうか」みたいな姿勢は、たいてい社員に見透かされます。

 健康経営は離職率を下げる点でも、効果を発揮するのでしょうか？

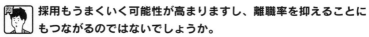 採用もうまくいく可能性が高まりますし、離職率を抑えることにもつながるのではないでしょうか。

理由は単純です。1つは、社員が働く時に健康であれば、メンタル面での健康も維持されやすく、ダメージを受けにくくなると言えます。

健康経営やフィジカル・シンキングを理解すれば、ジャンクフードも頻

繁に食べなくなり、反射的に血糖値が跳ね上がるようなエナジードリンクにも依存しなくなるようになります。

また、慢性的な寝不足もメンタルダウンの原因の１つと言われています。きちんと量質ともにいい状態で寝ることが大事だとわかっていたら、そもそもメンタルがダメージを受けにくくなるので、心地よく働くことができる社員が増えるでしょう。

結果、離職率も抑えられる可能性は高いと言えます。かつ、採用の視点でも、健康経営を推進していれば、みんなが生き生きとしているのが外部の人へも伝わります。

 私は立場上、離職に関して分析しなければいけないんです。
健康経営の視点で、社員が「なんとなく居心地がいいな」と感じたことの、その「なんとなく」を数値化したいのですが、何かいい方法はありますか？

 「職場の心理的安全性に関してのアンケート」を、社員のみなさんに取ってみるのも一案です。
BMIの減り方、喫煙率の減り方とともに、心理的安全性についてどのような状況かということも調査して分析してみることで、いろいろな施策のヒントが出てくると思います。

 私の立場でやることは、「上（経営層）を説得すること」と、もう１つ、「下の人たち（一般社員）に健康経営を実践してもらうこと」、その両方をしなければいけません。今のお話を聞いて、エビデンスを提示して、納得の上で動いてもらうよう働きかけることがとても大事なことがわかりました。

それに関連して、「ストレスチェック」についても教えてください。
私の会社では、人事部が定期的にストレスチェックを実施しています。しかし、それが活かされているかどうかが疑問です。

「あなたはこの仕事について満足していますか？」という質問に対して
「1」から「5」で答えるというようなものです。確かにアンケートは
取っているのですが、結果をどう活かしているのかがわかりません。
アンケート結果を活かして、次の改善につなげる方法がないかといつも
感じています。
でも、とりあえずアンケートに答えるだけでも、本人の振り返りには
なっているのでしょうか？

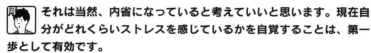 それは当然、内省になっていると考えていいと思います。現在自
分がどれくらいストレスを感じているかを自覚することは、第一
歩として有効です。
どこの会社も、今はストレスチェックをしないといけませんからね。当
たり前のように取るのですけれど、会社がそうした調査を実施している
という事実が、社員にとっての安心材料にもなっているはずです。
その上で、前提として踏まえてほしい大事なことがあります。

 なんでしょうか？

## ストレスの考え方

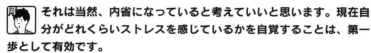 まず、ストレスのない人生なんて、ないということですね。「ス
トレスがあるのがいけない」なんてことはないんです。筋トレ
も、筋肉にストレスをかけるからこそ肥大化するわけですね。
大事なのは、今、自分はどれくらいのストレスがあるのか、世の中一般
の会社の平均値や業界平均値などと比べてどうなのかを知ることです。
そして自分は、会社の平均や所属部署の平均と比較して、ストレスが上

なのか下なのかを把握すればよいですね。上司がその部下との面談（年に一度、もしくは月に一度）でストレスへの対策が必要なら、「具体的にこうしていこう」というふうに一緒に考えていくことが大切です。
なお、ご興味があれば「社会的再適応評価尺度」というフレームワークがあるので参考にしてください。

 「社会的再適応評価尺度」ですか？

 これは、東日本大震災の時くらいから、再び使われ始めた尺度なのですが、日々のどういう出来事がどれくらいのストレスになるのかが数値化されてわかるようになっています。
たとえばですが、配偶者との死別で「100」。「100」はマックスの値です。
「夫婦の離婚」は「73」。
「睡眠習慣の変化（悪くなった）」は「16」。
「家族との口論の回数の変化」は「35」。
「年末年始（休暇、クリスマス）の帰省」は「12〜13」。

さまざまな出来事がどれくらいのストレスなのかがわかる指標です。もし、この数値が1年間を通じて「300」を超えていると、メンタルヘルスの疾病率が80％以上になると言われています。
そういうのを自覚するだけでも重要ですね。
会社のストレスチェックでは、ストレス度合いの原因まではわからないことが多いので、有効なフレームワークだと思います。

すると、会社のストレスチェックに「社会的再適応評価尺度」も組み合わせるといいのでしょうか？

## 社会的再適応評価尺度

| 順位 | 出来事 | ストレス値 | 順位 | 出来事 | ストレス値 |
|---|---|---|---|---|---|
| 1 | 配偶者の死 | 100 | 23 | 子供が家を離れる | 29 |
| 2 | 離婚 | 73 | 24 | 親戚とのトラブル | 29 |
| 3 | 夫婦での別居 | 65 | 25 | **特別な業績** | 28 |
| 4 | 拘留、刑務所入り | 63 | 26 | 妻が仕事を始める、中止する | 26 |
| 5 | 親密な家族の死亡 | 63 | 27 | 就業・卒業・退学 | 26 |
| 6 | 自分の病気あるいは障害 | 53 | 28 | 生活上の変化 | 25 |
| 7 | **結婚** | 50 | 29 | 習慣の変化 | 24 |
| 8 | 解雇 | 47 | 30 | 上司とのトラブル | 23 |
| 9 | 夫婦の和解・調停 | 45 | 31 | 仕事上の条件が変わる | 20 |
| 10 | 退職 | 45 | 32 | 住居が変わる | 20 |
| 11 | 家族の病気 | 44 | 33 | 学校が変わる | 20 |
| 12 | **妊娠** | 40 | 34 | レクリエーションの変化 | 19 |
| 13 | 性的障害 | 39 | 35 | 教会活動の変化 | 19 |
| 14 | 家族に新しいメンバーが加わる | 39 | 36 | 社会活動の変化 | 18 |
| 15 | 新しい仕事への再適応 | 39 | 37 | 1万ドル以下の借金 | 17 |
| 16 | 経済状況の変化 | 38 | 38 | 睡眠習慣の変化 | 16 |
| 17 | 親友の死亡 | 37 | 39 | 家族が団らんする回数の変化 | 15 |
| 18 | 転職 | 36 | 40 | 食習慣の変化 | 15 |
| 19 | 配偶者との口論の回数の変化 | 35 | 41 | **休暇** | 13 |
| 20 | 1万ドル以上の借金 | 31 | 42 | **クリスマス** | 12 |
| 21 | 担保や貸付の損失 | 30 | 43 | ちょっとした違反行為 | 11 |
| 22 | 仕事上の責任の変化 | 29 | | | |

アメリカ ワシントン大学のホームズらのストレスランキングを基に著者作成

そうですね。

「ストレスがすべて悪い」という考え方は間違っているのは目から鱗です。

そうですね。ストレスや対立があるからこそ新しい発想やイノベーションが生まれたりします。なんとかしなければという問題意識が新しいものを生み出すのです。

「ストレス＝すべて悪」という誤った考え方を取り除かないといけませんね。

ストレスが少な過ぎても生産性がよくないですし、高過ぎても生産性が悪くなります。適切なストレスの場合は、アルファベットの逆Ｕ字を描くようなカーブになり、一番生産性が上がるんです。

ありがとうございます。
社会全体が目先の利益ばかりを追い求める風潮がありますが、社

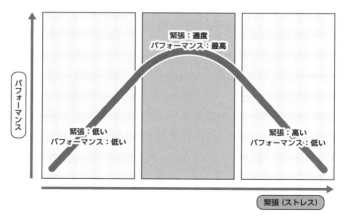

「ヤーキーズ・ドットソンの法則」を基に著者作成

員は資本なのだと考えたら、それをないがしろにするような働き方は
ありえないと感じました。私が「健康経営」を推進する立場にあること
に、とても意義を感じられましたし、やりがいも改めて確認できまし
た。
アドバイスありがとうございます。
禁煙もがんばりますが、経営層の意識改革も諦めずにがんばります。
今日は本当にありがとうございました。

悩めるビジネスパーソン Profile

## Fさん（45歳、男性）

開発チームを率いている。経営にも参画。元スポー
ツ選手で健康管理の上級者。体型も維持して見た目
もスマート。自然に「フィジカル・シンキング」がで
きているのはいいけれど、理論に基づいた理解まで
には至っていない。上司にも部下にもフィジカル・
シンキングを理論立てて説明することができないのがウィークポイント。そ
のため経営会議に参画はしているけれども、自分が健康管理上級者であるこ
とを活かしきれていない。自分が当たり前のように健康管理と体調管理をし
ているがゆえ、「部下が不調だと言う理由がよくわからない」と思っている。

## 健康であるがゆえのマネジメントの悩み

 以前にも一度お会いしたことがありましたね。お久しぶりです。
さあ、どうぞ。もともとアスリート気質でいらっしゃいました
が、スーツの上からでも、身体を鍛えることを継続的にされていらっ
しゃるのがよくわかりますよ。

 ありがとうございます。さすが、鋭いですね。

 今日はどうされましたか？

まあ、私が健康に関心があるので、それゆえの悩みかもしれないんですが。

 健康であるがゆえの悩み？　どんなことでしょうか？

 私自身は、すごく体調管理に気を配っています。仕事するにしても、身体が資本ですからね。
悩みは部下たちなんです。健康な方がいいのがわかっているのに、なぜそんなに深酒したり、身体によくないものを食べたり、たばこを吸ったりするのでしょうか？　私には理解できないです。どうやって部下に指導したらいいのでしょうか？　部下が間違っていると思うのですが……それとも、私が間違っているのでしょうか？

 なるほど。
まず、Fさんは自然と健康管理ができているということですから、それはすばらしいですね。きっと周囲には見えないところでも努力もされているのでしょうからね。
だからこそ、健康管理ができない人たちに疑問や苛立ちを感じる気持ちはよくわかります。それは正しい反応だと思います。

 そうですか。それを聞いて少しほっとしました。自分は間違っているんだろうかとか、健康に口を出し過ぎなのではないかとか、そんなことを考えてくよくよしていましたから。

 健康管理が自然にできているのは、日頃の工夫や努力の賜物だと思います。その点は、自信を持ってください。

私がしているような健康管理をみんなにもしてもらいたいのですが、なぜ、部下たちはそれができないのでしょうか？　健康管理ができればパフォーマンスが上がることは、自分の経験からよくわかっています。でも、それがなぜ、彼らにはできないのか？　なんだかもどかしいです。

部下のみなさんに、Fさんのような健康管理への信念に沿って動いてもらえればもっとハッピーになれるのに、ということですね。もしかしたらその点に関して、Fさんは思慮が足りないのではないかと感じました。ちょっと厳しい言い方をしてしまい、すみません。

いえ、大丈夫です。今日は多少厳しいことを言われる覚悟で来ています。

ちょっと視点を変えてみましょう。
Fさんは健康管理に関してはうまくやっています。自分の健康上のスコアやパフォーマンスはとてもいいということですね。
では、実際の業務上での成績は、どうですか？

そうですね……すべてにおいて、パーフェクトとは言えないです。小さな失敗やミスもありますし、なかなか商談をまとめきれないこともありますし。会議の場でのプレゼンテーションが百発百中かと言ったら、当然、そんなこともないですし。

おそらく、そうではないかと推察していました。
大切なことを申し上げますね。
うまくいっている時は、「うまくいっている理由」を明快にすること。
反対に、うまくいっていない時もやはり、「うまくいっていない理由」を明快にすること。

それらを踏まえて、<u>PDCA</u> <sub>※5</sub> を回すことが、とても大事です。

うまくいっている時も、その理由を明快にするのですか？
ダメな時ばかりではなくて？

そうです。
「自分の健康」をテーマにした場合、「なぜ、いい健康状態を維持できているのか？」という原因を明らかにできれば、その逆の状態の時の対処法もわかりますね。つまり、「不健康の原因」もわかってきます。

そうか。うまくいく時と、そうじゃない時は、コインの裏表みたいなものですものね。

自分が「うまくできている」からこそ、相手が「うまくできていない」ことにイライラしたりやきもきしたりする。その気持ちはよくわかります。私自身にもそういうところがありますから。
では、Fさんの場合「なんでうまくいっているのか？」を考えてみましょう。
<u>ロジックツリー</u> <sub>※6</sub> を用いてみてもいいですね。そうすると、「うまくいっていない人はここでつまずいているのだな」というのがわかります。
たとえば、それは食事かもしれないし、睡眠や運動かもしれません。
研修セミナーなどで伝えているフレームワークですが「6T」を使って整

---

※5 「Plan（計画）」「Do（実行）」「Check（評価）」「Action（改善）」のサイクルを繰り返しおこなって、継続的な業務の改善を促す方法のこと。

※6 課題分析や解決方法を検討する時に使われるフレームワークの1つ。木の幹から枝がどんどん分かれていくように、大きな項目から小さな項目へと、ある課題についての問題や原因などを書き出していく。こうすることで問題がよく見えるように分解・整理でき、目的を達成するための手段を具体的にしていくこともできる。

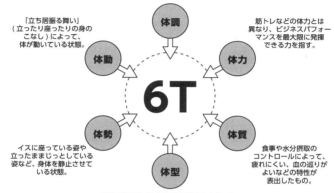

**6Tモデル**

身体のコンディションを総じて示すもので、
想像力や論理力、集中力などすべてに関わる。
よい睡眠を取れているかどうかの影響が大きい。

体調

「立ち居振る舞い」
（立ったり座ったりの身の
こなし）によって、
体が動いている状態。

体動

筋トレなどの体力とは
異なり、ビジネスパフォー
マンスを最大限に発揮
できる力を指す。

体力

6T

体勢

イスに座っている姿や
立ったままじっとしている
姿など、身体を静止させて
いる状態。

体質

食事や水分摂取の
コントロールによって、
疲れにくい、血の巡りが
よいなどの特性が
表出したもの。

体型

「恰幅がいい」や「スリムである」といった、
見た目からその人物の評価につながるもの。

理してみてもいいでしょう。

 つまり、人は原因を探す時、通常は何かよくない事象が起こった
場合にその原因を探そうとしますよね？　でも、私の場合、「な
ぜ、うまくいっているのか？」、その原因を探ることも大事だというこ
とですね。

その通りです。

確かに、うまくいっている原因がわかれば、それを部下たちにも
伝えていけます。そうすると、なぜ自分はうまくいって、部下た
ちはうまくいかないのか、そのギャップが見えてきそうですね。
私の無意識の健康習慣というものを、意識的に捉え直すのが、まず大事
なのですね。

それは経営学者の野中郁次郎先生が言うところの、「SECI（セ
キ）モデル」と同じです。「無意識のものを意識化する」というこ
とですね。これを繰り返していくと、部下の健康マネジメントもたやす
くできるようになるので、ぜひ参考にしてください。

わかりました。すごく具体的に取り組めるのですね。さっそく
やってみます。
すでに少し考えていることがあります。実は、部下の健康状態を知るた
めに、聞き取りをしていこうと思っているんです。その際、何か注意す
ることはありますか？　要はできるだけちゃんとデータを取りたいの
で、そのための注意点です。

「（健康のために）どういうことをやっているか？」と尋ねられて
も、部下側はよくわかっていなかったりします。やはり、先程も
ロジックツリーを例に出しましたが、フレームワークを利用して整理し
てもらうようにするのがいいでしょう。そうすると、答えやすくなるは
ずです。上司であるFさんもフィードバックしやすくなりますよ。
尋ねる項目の中でも大切なポイントだけ申し上げますね。
1つ目のポイントは、睡眠を量と質の視点で聞くこと。
2つ目は、食事は何食摂っているのか、かつ、どういう内容（栄養素）
を摂っているのか。炭水化物（糖質）、タンパク質、脂肪の量を意識し
て摂っているのかなどを聞くこと。
3つ目のポイントは、水分のこと。どういう水分を摂っているのか。お

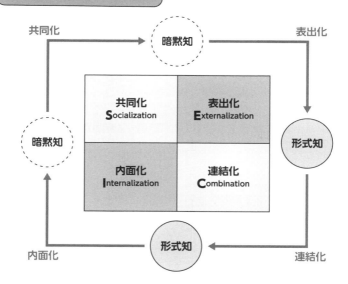

**SECIモデル**（野中郁次郎氏提唱）

共同化　　　　　　　　　　暗黙知　　　　　　　　　表出化

| 共同化<br>**S**ocialization | 表出化<br>**E**xternalization |
| --- | --- |
| 内面化<br>**I**nternalization | 連結化<br>**C**ombination |

暗黙知　　　　　　　　　　　　　　　　　　　　　　形式知

内面化　　　　　　　　　　形式知　　　　　　　　　連結化

個人が持つ知識や経験などの暗黙知を、形式知に変換した上で、
組織全体で共有・管理し、それらを組み合わせることで、
新たな知識を生み出すフレームワーク

茶が多いのか、甘いコーヒーなのか、エナジードリンクなのかなどを聞
くことです。

そして4つ目のポイントは、運動です。

厚生労働省では、運動強度として、だいたい1週間で、成人男性の場
合、23エクササイズをするのが目安（METsモデル）としています。

それと比較して、どれくらいの運動ができているのかを確認します。

私は実は、終日ほぼ、座ることがないんですよ。

仕事中もですか!?

 はい、そうです。ほぼ1日立っています。講演で登壇する時もいっさい座りません。打ち合わせの時も座りません。立っていない時は、運転する時か眠る時のどちらかです。
ずっと立ちっぱなしというのは、かなりいい運動量になっているようです（笑）。

 そうでしょうね。足腰の筋肉が鍛えられそうです。

 1日を通して、どれくらい歩いているのか、また立っているのか。どれくらい運動しているのか。
運動の量がわかると、どこが改善点なのかがわかってきます。
Fさんも、ぜひこうした「フレームワーク」をうまく利用して、部下のヒアリングをしてみてください。

 ヒアリング項目に基づいて話をすれば、きっと、部下も納得しやすくなりますね。フレームワークがあれば、それこそ視覚的にもわかりやすいですし。ただ指摘するだけよりも、「ここが問題ですよ」という焦点も絞れます。

 何事も、わかりやすく見える化し、共有するのが大事ですね。

 私が健康指導をすると、「怒られているような気がする」と感じる部下もいるようです。実は、それも悩みだったりします。
つまり、健康に対する意識が高い私のようなタイプが何か言うと、「あ

## METs モデル

| メッツ | 3 メッツ以上の運動の例 |
|---|---|
| 3.0 | 自転車エルゴメーター：50 ワット、とても軽い活動、ウェイトトレーニング（軽・中等度）、ボーリング、フリスビー、バレーボール |
| 3.5 | 体操（家で。軽・中等度）、ゴルフ（カートを使って。待ち時間を除く） |
| 3.8 | やや速歩（平地、やや速めに＝94m／分） |
| 4.0 | 速歩（平地、95〜100m／分程度）、水中運動、水中で柔軟体操、卓球、太極拳、アクアビクス、水中体操 |
| 4.5 | バドミントン、ゴルフ（クラブを自分で運ぶ。待ち時間を除く） |
| 4.8 | バレエ、モダン、ツイスト、ジャズ、タップ |
| 5.0 | ソフトボールまたは野球、かなり速歩（平地、速く＝107m／分） |
| 5.5 | 自転車エルゴメーター：100 ワット、軽い活動 |
| 6.0 | ウェイトトレーニング（高強度パワーリフティング、ボディビル）、美容体操、ジャズダンス、ジョギングと歩行の組み合わせ（ジョギングは 10 分以下）、バスケットボール、スイミング：ゆっくりしたストローク |
| 6.5 | エアロビクス |
| 7.0 | ジョギング、サッカー、テニス、水泳：背泳、スケート、スキー |
| 7.5 | 山を登る：約 1〜2kg の荷物を背負って |
| 8.0 | サイクリング（約 20km／時）、ランニング：134m／分、水泳：クロール（ゆっくり＝約 45m／分） |
| 10.0 | ランニング：161m／分、柔道、空手、キックボクシング、テコンドー、ラグビー、水泳：平泳ぎ |
| 11.0 | 水泳：バタフライ、水泳：クロール（速い＝約 70m／分）、活発な活動 |
| 15.0 | ランニング：階段を上がる |

(1)「メッツ」（強さの単位）
　身体活動の強さを、安静時の何倍に相当するかで表す単位で、座って安静にしている状態が 1 メッツ、普通歩行が 3 メッツに相当する。

(2)「エクササイズ（Ex）」（＝メッツ・時）（量の単位）
　身体活動の量を表す単位で、身体活動の強度（メッツ）に身体活動の実施時間（時）をかけたもの。より強い身体活動ほど短い時間で 1 エクササイズとなる。

（例）3 メッツの身体活動を 1 時間行った場合：3 メッツ × 1 時間＝3 エクササイズ（メッツ・時）
　　　6 メッツの身体活動を 30 分行った場合：6 メッツ × 1／2 時間＝3 エクササイズ（メッツ・時）

厚生労働省　健康づくりのための運動指針2006より著者作成

なたは不健康だぞ」と、まるで怒られているように感じてしまうと言うんです。それを聞いた時はショックだったのですが……。
どうすれば、もう少し円満な形でアドバイスを伝えたり、受け止めてもらえたりできるでしょうか？

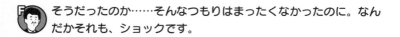 Ｆさんはマネジメント職として、伝え方の工夫が常に必要です。
「怒っているように聞こえる」ということは、潜在意識でＦさんが実際に「怒っている」からかもしれません。

そうだったのか……そんなつもりはまったくなかったのに。なんだかそれも、ショックです。

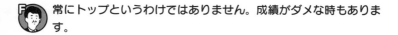 「なんであなたたちは、こんなこともできないの!?」と、潜在意識下で少しでも思っているのではないでしょうか？　Ｆさんにそのつもりはなくても、それに近い気持ちがあって、それを見透かされているのかもしれません。そういうことがあることにも気づきましょう。
先程も話しましたが、Ｆさんは仕事で常にトップランナーとして走り続けているわけではないですよね？

常にトップというわけではありません。成績がダメな時もあります。

でしょう？
人には誰でも、いやな部分、苦手な部分、ダメな部分があります。
自分の健康管理にしても、「常にうまくいっているわけではないけれど……」という謙虚な気持ちを少しでも持てば、部下たちに「怒っているみたい」なんて印象は持たれない可能性が高い。

部下を叱る前に、まずは自分を叱りつけないといけませんね。
自分の仕事や部下へのスタンス、心の持ちようなど……いろんな
面において、まだまだ未熟者なんだな、私は。

そもそも目的は、部下たちに健康管理を浸透させ、パフォーマン
スを上げることですよね？　「私のようになれ」ということが目
的ではないはずですからね。
ですから、「あなたのためを考えてこう言っているんです」ということ
が伝わるようにしないといけません。
加えて、本来の目的も、見失わないようにしてください。

見透かされてしまうと、部下は嘘をついたりしますよね。怒られ
たくないから。「ちゃんと寝ています」と言う人も出てきそうで
す。

それでは、本末転倒ですよね。
Ｆさんは長年、健康管理の意識が高いから、もしかしたらジムに
通ったり、ランニングをしたりしたこともありますよね？

はい。あります。ジムに通っていた時は、パーソナルトレーナー
の指導を受けていました。

その時、プロの指導者からどんな手ほどきを受けたか、ちょっと
思い出してみましょう。

……なるほど。確かに手取り足取り、いろいろ教えてもらいまし
た。私のやる気を引き出しつつ、丁寧に教えてもらった記憶があ
ります。

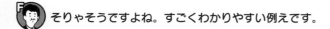もしもマラソンを2時間20分で走ることができるようなトレーナーに「4時間もかかって、どうするんだ!?」なんて凄まれたら、どうですか、Fさん？　やる気、なくなりませんか？

そりゃそうですよね。すごくわかりやすい例えです。

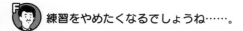もしくは、Fさんがベンチプレス150キロを上げられるジムのトレーナーに指導を受けたとします。「150キロくらい、らくらく上げられなくて、どうするんだ!?」なんて叱責されたら、どうですか？

練習をやめたくなるでしょうね……。

そうでしょう？　間違いなく、やる気がなくなるでしょう。
そういうことをぜひ、部下に指導する時に思い出してください。

## 部下との1on1ミーティング

私に配慮が欠けていたことがよくわかりました。ぜひ参考にします。あと、「1on1（ワンオンワン）<sub>※7</sub>」についても質問があるんです。

最近よく話題となる、1on1ですね。

以前、メンターに仕事上の相談をした時、「『1 on 1』をする時に『飢えた虎の時間を作れ』」と言われたことがあります。

この言葉がずっと気になっていたのですが、どういうことか、今日せっかくこうして相談に来ましたので、もう少し詳しく教えていただけますか？

 「適度に空腹な時間の方が頭や感覚が鋭くなるから……」というような話でしたでしょうか？

 そうです、そうです！

 お腹が満たされていることは「よいこと」と思われがちなのですが、「お腹が満たされている＝胃や腸に血液が集まっている」ということですから、脳の方にはあまり血液が行っていないことになります。そのため、脳（頭）が冴えないことが多々あります。

確かに食後は仕事の効率が上がるというより、むしろ少し眠くなってスローダウンします。

そうでしょう？

ですから、部下と真剣に向き合ったり、お客様にプレゼンテーションをする時は、適度な空腹状態の方が望ましいということです。戦闘状態になれますから。「空腹こそ、ベストパフォーマンスに欠かせな

---

※ 7　定期的に上司と部下が 1 対 1 で話し合うこと。部下の成長のために上司が時間を割くというのが特長で、人材育成の方法の 1 つとして多くの企業で取り入れられている。

**い状態だ」と意識してみてもいいのではないでしょうか？**
そして、大事な部下との面談は、そういう時間をあてがうことを意識しましょう。「飢えた虎」とは、そういう意味のお話です。

 虎はお腹が空いている時は、獲物の気配、匂いなどに敏感になるはずですよね。

 その通りですね。

 相手の顔色、目つきなども、空腹の時の方が繊細に感じ取れるということですね。

 ちなみに、私は1日1食なのですが、18時以降の時間は少しシャープになり過ぎるようです。自分ではそんなつもりはないのですがね。でも、部下からするととても鋭い印象になるようで、その時間帯の面談は、逆になるべくしないように気をつけています。

 面白いお話ですね。でも、満腹過ぎるよりは、そこそこの空腹の方がいいパフォーマンスができるということは、覚えておきます。

 肥満やメタボリックシンドロームについて、中高年は気をつけないといけませんが、「いつもお腹を満たしているから太ってしまった」という可能性は、実は高いんです。腹八分目という言葉がありますが、真理を突いてますね。なので、ぜひ腸や胃を休ませてあげる時間を持ってみてください。そうすると本当にすっきりしますし、デトックス効果もあると思います。また食べるものもおいしく感じられるようになります。ジャンクフードばかり食べていると、いかに身体によくな

いかについても、自然と気づけるようになります。

ファスティング（断食）を推奨しているわけではありませんが、腸や胃に何も入れない時間を 24 時間程度作る日を、月に 1 日くらい設けて試してみることは、年齢を重ねている人にとっては、有効かと思います。

 試しにやるなら、まずは月に 1 日くらいからでしょうか？

 そうですね。24 時間何も食べない。水は飲んでも OK です。宿便も出てすっきりしますよ。

 昔、1 日半か 2 日半くらいなら、ファスティングをやったことがあります。確かに、塩味に敏感になりましたね。そして、味の濃いものをあまりおいしく感じなくなりました。その代わり、何も調味料をかけずとも素材の味だけで十分においしく感じられました。

部下に強制はしませんが、健康に関する有益な情報も、「こういうことを以前やったことがあるけれど、よかったよ」くらいな感じで伝えるといいのかもしれませんね。

そうしたら、少しはフレンドリーな指導になりますかね？

 ええ、きっと、より伝わると思います。

さて、1 on 1 に話を戻すと、「働きがい（やりがい）」と「働きやすさ」を確認する場が 1 on 1 だと言われています。まさにウェルビーイングですね。部下のメンタルが順調か、健康に問題はないかを 1 on 1 の中で確認するとよいでしょう。

 働きやすさを「1 on 1」のテーマにすると、やはり健康経営に話がつながってくるような気がします。

そうですね。

 健康経営について、会社の経営層がちゃんと取り組みたいのであれば、「じゃあ、1on1でリサーチしましょうよ」と、こんな提案も今度はできるようになりますね。

 そうですね。

 今までの一連のお話を伺って、私自身が単なる「健康バカ」というわけではなくて、「健康バカ」だからこそ、自分の至らなさにこうして気づくことができたのかもしれません。足りなかった自分自身のことも、少しだけ承認できたような気がします。それはちょっと、ほっとしました。
「健康バカ」だからと言って、それが悪いことばかりではありませんよね。

 そうですね。その気づきついでにメンバーの習慣化、仕組み化も考えてみてはいかがでしょうか？

 仕組み……ですか？

 そうです。パターン化できているかどうか。
およそ8割の人たちは、意志が弱いというよりは、どうしたら定着するか、習慣化できるか、そのプロセスを知らないからできないだけ、といった場合が多いです。
たとえば、Fさん、朝起きてすぐに歯磨きをしますか？

します。必ずします。夜寝る前と、朝起きて必ずします。

 起床して顔を洗う時に、洗面所に歯ブラシがすぐそこに置いてあるから無意識にできるのではないでしょうか。歯磨きが毎朝・毎夕できるのも、洗面所という環境が仕組み化されているからです。
朝起きたらすぐスケジュールが確認できるように、枕元に手帳が置いてあるとか、すぐに運動できるように、必ず玄関にスニーカーが置いてあるとかと一緒ですね。
ビジネスシーンでも、自分のオフィスで、自分がやろうとしていることが自然とできるような仕組み、プロセス、環境を意識して作れば、絶対にできるようになると思います。

 仕組み作りは、上司である私の腕の見せ所ですね。

 そうですね。
あともう１つ大事なポイントがあります。実は、これが一番大事なことかもしれません。
禁煙にしろ、健康改善にしろ、一番手っ取り早くやれることは、禁煙なら「喫煙している人たちと付き合わないこと」。健康改善なら、「不健康な人ではなく、健康状態がいい人と付き合うこと」。これに尽きます。
「付き合う人を変える」ということが大事です。ですから、意志の強さの問題ではなく、環境の問題なんですね。

 あまりいい例ではないですが、ご両親がちょっと肥満体型の家の子どもは、たいてい太っていることが多い気がします。

よくあることですよね。職場でもそうだと思いますよ。
家の人たちは変えられないとしても、上司が部下を変えたいのなら、環境を変えてみることです。環境を徐々に変えていけば、自分も少しずつ影響を受けて変わっていきますから。
意志の問題じゃないということを、覚えておきましょう。

 つまり、好ましくない環境を放置しないということが、組織の中でも大事なのだと感じました。

 環境の中に「人」がいます。そのことを忘れないでください。付き合う人を変える／変えさせることは大事ですよ。

 そして、環境が人を作るとも言えますね。
私自身は健康維持のために、ジムに行ってましたし、今もジョギングをしたりするんですが、それをすることが目標ではなくて、その先にあるものを目標にしないと、見誤ることになりそうです。
「なんのために、私は健康であろうとしているのか？」と考え続けます。
また、チームの健康維持も環境を整えるのが目的なのではなくて、チームのウェルビーイングをよくすることが目的であることを忘れないようにしたいと思います。また、このような取り組みが、私自身のセカンドキャリアにも役立つだろうということも、視野に入れてみたいと感じました。
私自身が健やかであること、そしてその先にある目的が大事なのだと、今日のお話を伺って感じました。

 健康経営は奥が深いですよね。Fさんはすでにご自身の健康は維持できているのですから、ここからまたさらに、周囲を巻き込んで、成長していけばいいのですよ。応援していますから、頑張ってください。またいつでも、話を聞きますよ。

ありがとうございます。

# 第 4 章

# 私たちはなぜ
# 健康で
# あるべきなのか？

悩めるビジネスパーソンProfile

# Gさん（30歳、女性）

マーケティング担当。現在妊娠中で、出産後も第一線で働きたいと思っている。しかし、育児をしながら今のパフォーマンスを維持できるのか不安がある。妊娠に伴う体質の変化や、子どもの健康管理のことを考えると、頭がいっぱいになるが、職場復帰をした時にチームに負担がかかるのではないかというのも大きな心配事。妊娠前は、チームの中でも重要なポジションにいると自負してたのだが、立場が変わってしまうのではないかと思っている。

今回は、相談内容に応じて、もう1人の著者の佐藤がお話を聞くことになった。

## 出産とキャリアへの心配

 こんにちは。体調はいかがですか？　今日はどんなご相談でしょうか？
**出産を控えていらっしゃるようですから、やはりそれに関係することですか？**

お気遣いとあたたかいお言葉、ありがとうございます。
今、第1子を妊娠中です。おかげさまで経過は順調なのですが、いろんな不安がありまして、今日ここに相談に来ました。

初めてですと、何もかもが初体験ですし、わからないことだらけですよね。

そうなんです。最近は社会的にも、会社的にも、女性が妊娠・出産を経て育児をしながら働き続けることを認めてくれるようになってきています。ひと昔前に比べたら、妊娠・出産・育児を取り巻く環境はとてもよくなっているのかもしれませんよね。

とはいえ、いざ、自分自身が当事者になると、不安だらけです。

やはり妊娠してから、当然のことですが、体調の変化を感じています。

また、出産後はしばらく育休を取りますから、仕事からも離れます。

子どもの成長とともに、子育てに時間を取ることも出てくるはずです。

それは当たり前のことですが、先々のことを考えると、今までと同じように仕事のパフォーマンスを維持し、育児もし、２つのことを両立できるのかがとても心配です。

こうした悩みに対して、今日はアドバイスをいただきたいと思っています。

当事者になってわかること、やってみて初めて実感が湧くこと、たくさんありますよね。Ｇさんにあえてお尋ねしますが、出産と育児は、本当に大変なこと、つらいことだと思いますか？　世間では「大変なこと」「つらいこと」と一般化して捉えられることが多いですが、まずそこを考えてみませんか？

私はまだ妊娠中ですから、出産後のことは正直、まだ実感が湧かないです。でも、妊娠に関しては、少しわかるようになりました。当初は身構えていたのですが、つわりはあまりひどくなく、吐くこともありませんでした。「妊娠＝つわりで大変」というイメージがあったのですが、自分が妊娠してみて、「あ、私はそうでもないんだな」と思いましたね。

そうでしょう。もちろん、つわりですごく苦しい時期を経験する女性もたくさんいらっしゃいますから、軽々しいことは決して言えません。
でも、妊娠・出産にも、それだけ「個人差」があるということなんです。

私のようにつわりが軽い人もたくさんいますよね。一方で、水を飲むだけで気持ち悪くなる人もいますし。
個人差か……確かに、女性が10人いれば、身体の不調もつわりの症状も、ひとくくりにできないのは当然ですね。

妊娠中の体調のアップダウンが激しい人もいれば、まったくない人もいます。ですから、まず、世の中の情報に振り回されるのではなく、「自分の場合はどうなのかな？」「自分のコンディションは本当はどうなのかな？」という問いかけを忘れないようにしてください。外に意識を向けるのではなく、自分の内側や自分の体調にこそ意識を向け、その感覚を大事にするようにしてください。不調か好調かは自分自身でしか判断できないですからね。

どうしても、いろんな情報に翻弄されがちになります。特にインターネットをなんとなく眺めたりしていると。

世の中では、妊娠・出産で産休・育休を取ると、自分のキャリア（仕事）の成長が遅れてしまうと言う人もいます。そういった情報も、はたして、本当でしょうか？　妊婦さんそれぞれ、個人差がかなりあるはずです。Gさんの場合にも当てはまるかは、Gさんが実際に妊娠・出産、そして育児を経験しなければわからないことですからね。
そういった情報に受け身になり過ぎてはいけません。常に「自分ならどうかな？」「自分の置かれている環境の場合はどうかな？」とファクトベースで考えるといいですね。

わかりました。これはもう、情報リテラシーの領域、情報弱者になってはいけないという話ですね。

そして、出産後の不安について。
一度経験されている人は、どのような大変さがあるか具体的な予測がつきます。でも、Gさんのように初めての場合は、当然わかりません。だからこそ、まだ起きていないことに無闇に不安を抱くのは、とてももったいないなと思います。
もし不安に感じたり、悩んだりするなら、「今、起きていること」に焦点を当てて、どうすればいいか考える方が、よっぽどいいと思いませんか？　焦点は「今」なのだと思うのです。

 そうですよね。まだよくわからないことに、私は必要以上に身構えて、余計な心配をし過ぎていたのかも。メンターに言われて、はたと気がつきました。もう少し、今の自分に焦点を当てるようにしようかな。とても心強く感じるアドバイスでした。

 それはよかったです。

 人によって違うということ。そして、「自分を見る」ということ。忘れないようにします。
私は、今まで仕事を頑張ってきました。いろいろなタイプの上司や男性社員とも、対等以上にやってきた自信があります。だからこそ、ここで休んでしまうことが不安なんですね。そして、出産後の暮らし方がまだどうなるかわかりませんから、もし仕事上でパフォーマンスが下がったら「使えない人」と思われてしまうんじゃないかと。職場の人たちは悪い人たちではないけれど、心の中でそんなふうに自分が思われてしまうんじゃないかと思うと、不安が湧き起こってきます。

この不安も、今の自分を見ること、内省することで解決しますか？
もしくは、この悩みをもう少し建設的な方向に持っていくことはできますか？

## 育休への意識の向け方

 私個人の意見ですが、出産で会社を休むのは、最高のチャンスだと思っています。

 チャンス!?　どういうことでしょうか？

 まず、誰にも知られることなく、勉強することができますよね。育児で自分の時間が少なくなるかもしれませんが、隙間時間は必ずあります。その間に自分が興味のあることや、仕事関連の知識を習得しておくこともできます。
ご自身の体調が最優先ですが、たとえば、子どもを抱っこしながら動画を見たりすることもできるでしょうからね。やり方次第です。「育休は、水面下で自分の能力を最大限高めるチャンス、リスキリングの機会、そして何より子どもを育てるということは今までに経験したことのない貴重な体験なので、きっとたくさんのことを気づかせてくれるはず」と、そんなふうに捉えてはどうでしょうか？　今までに経験したことのない感覚を味わいつつも、さらに "ながら勉強" ができるチャンスかなと思います。

 育休中のポジティブな時間の使い方については、考えたこともありませんでした。そうですよね。確かに赤ちゃんがいるとしょっ

ちゅう授乳したり、寝かせたり、まとまった時間は取りにくいかもしれません。でも、隙間時間をつなぎ合わせたら、けっこうな時間になるかも。何かできるかもしれませんね。

職場で「あの人は子どもができてから、パフォーマンスが下がった」「出産前とは違って任せられなくなったなあ」という見方をする人は必ずいます。でも、子どもがいてもいなくても、常にそういう批判や厳しい目にさらされることは、仕事の上ではよくあることですよね。「子どもがいるから」ということで見方を変えてくる人のことは、心配しなくていいのではないでしょうか。
先程の育休中に勉強をする話ですが、実際私のエアライン時代の同僚は育休中に、人が成長する過程に興味を持ち始めて、最終的に人材育成のための勉強をしていました。復職した時は「こんな勉強をしました」と、誇らしげに話してくれましたよ。決して無理をする必要はありませんが、そういう自信が持てたら、すばらしいと思います。

自分の自信を、子育てとともに醸成すればいいのですね。

「自信を醸成する！」素敵な言葉ですね。いいですね。

実は、同期の女性社員の中に、入社以来のライバルがいます。気がつくとマウントを取り合うようなところもあります。彼女から後れを取ってしまうと思うと、今、夜も眠れなくなることもあります。食事が進まなくなることもあるくらいなんです。
普段なら、マウントの取り合いは、むしろ面白おかしくやっていたんですけれど。いざ、自分が仕事から離れる時が近づいてくると、気が気じゃなくて。

それはわかります。睡眠や食事に影響は出ていませんか？

## 体調の変化について

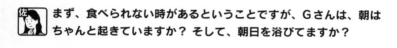仕事が原因というわけではありませんが、妊娠して体調が変わり、今までなかった睡眠不足とか、食欲がない、食事の味の変化とか（味があまりしなくなった）、こうした健康面での心配はあります。

まず、食べられない時があるということですが、Gさんは、朝はちゃんと起きていますか？ そして、朝日を浴びてますか？

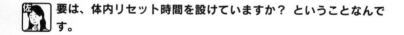朝日……ですか？

要は、体内リセット時間を設けていますか？ ということなんです。

今までそんなこと、意識してこなかったなあ。どういうことでしょうか？

朝日を浴びるタイミングで人の身体はリセットされるようにできています。朝、しっかり朝日を浴びないと、働くためのスタートボタンのスイッチが押されないままになってしまうんです。
また、仮に朝ごはんを食べられなくても、代わりに糖質を摂ればすぐに消化吸収されて内臓が動きます。内臓が動けば脳も活性化するのですね。3食無理に食べなくてもいいので、妊娠中は朝ごはんだけは食べる

ことを習慣化してみてください。

 食欲が湧かない時は、水分だけ摂って食べないこともたまにあります。牛乳だけ飲むとか、オレンジジュースだけ飲むとか。もし何かお腹に入れるなら、どんなものがいいでしょうか？

食べるなら、お米（ごはん）を食べてください。ブドウ糖も入っています。できれば玄米を推奨します。
元気の「気」という漢字がありますね。「気」の旧字体（氣）は下の部分を「米」と書きます。「米」という漢字を見ると、元気を周囲にふりまいているような、そんな明るく健康的な世界観を示しているとは思いませんか？　日本人の生気、活動するエネルギー、その源は、「お米」なんですね。お米を食べることで自分のエネルギーを高めるのが大事です。ちなみに、トリプトファンの摂取もおすすめです。トリプトファンは幸せホルモンの「セロトニン」の原材料です。また、セロトニンは睡眠・覚醒リズムを整える「メラトニン」の原材料です。朝食にトリプトファンを摂取すると、幸せを感じ、そして夜になると眠たくなるホルモンが出やすくなりますよ。具体的には、お米、焼き魚、お味噌汁、納豆がおすすめです。

そうか。「米」という漢字を見ていたら、なんだかとてもごはんを食べたくなってきました。

そして、女性が忘れてはいけないのが、「血」の大切さです。
赤ちゃんを守り、育てている子宮にもたくさんの血液が集まります。妊娠中は、血液（血流）を通して胎児にエネルギーが渡されますね。さらに、出産後の授乳は血が本当に足りなくなります。授乳＝お母さんの血を赤ちゃんにプレゼントしているのです。血流をよくするという考えもありますが、女性の約9割は血が足りていないのです。血流の

前に血を増やす。ここを大切にしてほしいです。血が足りないと、イライラしたり、不安になったりするんですよ。

もしかしたら、Gさんが同期と自分を比較して、「どうしよう？」と不安になる原因は、血流ではなく血の量にあるのかもしれませんよ。

 考えたこともなかったです。

 エネルギーになるお米を食べるのも大事。加えて、血を作るのに欠かせない鶏肉、牛肉などのタンパク質、そして鉄分の摂取も大事です。妊娠中は2倍以上の血液量が必要になります。ですから、タンパク質、鉄分の摂取を心がけてくださいね。

とにかく血を作り、血流をよくして血液量を満たすことを大事にしましょう。食欲が湧かない時でも、少しでも食べられる時は、タンパク質を意識して摂るようにしてください。それが、不安解消のアプローチにもつながると思います。

 自分の血が足りているかどうか、確認する方法はあるんでしょうか？

 生理の時の血の状態でわかります。

女性は月に1回、生理が来ますよね。血が足りているとさらさらした赤い血が出てきます。血の塊が出てくるのは、子宮に血が足りていないからです。かつ子宮が冷えている状態だと、レバー状の血の塊が出てきたりします。それが出てきたら「あ、血が足りてないな」「身体が冷えているな」と思ってください。

そこに気づくだけでも、改善策を導き出せますし、安心感も違ってくるでしょうね。なお、明らかに異常を感じた場合は医療機関に相談してください。

今、私は妊娠中だから生理はありませんが、出産後にそうした経血の状態に気をつけようと思いました。

食事では足りない栄養素をサプリで補う方法もありますよね。でも、そういったものに頼るのは怖いと感じてしまうのですが。サプリを摂る際の判断基準など、何かあるのでしょうか？

 **サプリの摂取に関しては、お医者さんの指示に従ってください。飲みたいサプリがあれば、主治医に必ず尋ねてくださいね。**

**一般論ですが、妊娠中に大切なのは、葉酸や亜鉛です。胎児の脳を作る際に、葉酸や亜鉛がとても大事です。子どものIQの高さの比較において、妊婦が葉酸や亜鉛を摂っていると胎児の脳の発達がよくなるという研究結果もあるくらいです。**

**亜鉛は自分の身体の中で作られない物質ですから、亜鉛サプリを飲んだり、牡蠣などの魚介や肉類から摂るようにしてもいいでしょう。**

**でも、妊娠中のサプリ全般の摂取については、必ず主治医に相談してください。**

 ネットニュースの情報に頼らないように注意します。

## 情報との向き合い方

 **「妊娠中に食べてはいけないもの」のリストも、ネット上にたくさん出ています。これらも、ネットの情報ではなく、信頼できるお医者さんや主治医に尋ねるようにしてください。その上で、自分の体調と相談して決めるのがいいと思います。**

ネットの記事って読むだけでなんとなく不安になるんですが、お医者さんと対面で話しながらアドバイスをもらえたら、安心できそうです。

その通りですよ。
ネット記事の情報は正確性がわからずストレスが高まりますが、専門家との会話はストレスが和らぐのです。不安になるとどんどん情報を取りに行こうとする仕組みが、私たち人間の脳にはあるのですね。インターネットはそうやって、情報の海の中に人を取り込んでいくんです。ネットは気軽に情報を得られるメリットもありますが、そこから深入りして不安になり過ぎて眠れないなんてことにもなりかねません。
ですから、繰り返しになりますが、不安になったらネット検索をするのではなく、すぐに信頼できる人やお医者さんに相談すること。何より自分の体調の状態に気がつくことが大事です。ベクトルは外側でなく、自分の内側です。
自分の身体を一番よくわかっているのは自分ですからね。自分の身体を診察してくれるお医者さんからアドバイスを聞いて、最後は自己判断する。
こういう流れがいいと思います。

## 妊娠中の睡眠と食事

最終的には自己判断ができることが大事ですね。
何事も、自分で自分の状態を感じ、その上で考えなければいけませんね。
妊娠中の睡眠について、もう少しアドバイスをもらえますか？

ええ、どうぞ。

 妊娠中は眠くなると聞きました。確かに私も、眠たくてどうしようもない時がたまにあったりします。

自分の健康と、仕事のパフォーマンスの話にもつながりますが、産休・育休に入ったとしても、今はリモートで仕事ができるような状況も整っています。

そのあたりも踏まえて、睡眠のコントロールについて教えていただけませんか？

 これも、人によりますね。

妊娠中に食欲が増す人もいれば、眠くなってどうしようもない人もいます。すごくシンプルなアドバイスですが、眠たい時は寝てください。無理に起きていても、身体に負担がかかりますしね。

昼間の眠気にどうにか対処して、リモートで働きたいのであれば、食べ物でコントロールする方法もあります。

 眠気と食事……要は血糖値の話ですか？　あんまり結びつけて考えたことがありませんでした。

 ここ、けっこう重要なんですよ。

眠たくなるのは、血糖値がぐっと上がったあとの「下がる瞬間」なんです。そのような血糖値の無用なアップダウンを作らないためにも、できるだけ昼間は血糖値を急上昇させない食べ物を意識してください。睡魔に対して自分でコントロールするとしたら、とても有効的な方法の１つです。

食後に眠くなりがちなのも、そういうことでしょうか？

 そうですね。また脳に血液が行かなくなると、眠気が襲ってきます。脳が酸欠状態ということなのですね。食後は胃腸の方に血流が集中しますから。ですから大喰いは気をつけた方がよいです。

 他にはどんな対策がありますか？

 眠くなったら、ちょっとだけ動きましょう。座りながら肩を回したり、腕を上下左右に開いたりして、軽くストレッチしてもいいですね。

 座りながらのストレッチなら、仕事しながらでも、お腹が大きくてもできますね。

 あとは、第二の心臓のふくらはぎを刺激しましょう。妊婦さんはお腹が大きいから下半身に血がたまりやすくなります。ウォーキングをしたり、かかとの上げ下げをすると、血流がよくなり、脳に血液が行き届きます。酸素は血流で運ばれますから。血流が悪くなると、脳が酸欠状態でぼーっとしてしまい、集中できなくなるんです。

 ぼーっとしてきたり、集中力が切れてきたなと感じたら、ほんの少し歩いてみたりしようかな。

 あとは、深呼吸も大事です。ゆっくりと酸素を取り込むことで、血の流れも活性化しますし、さらには自律神経も整います。自律神経の乱れはストレスに直結しますので、血流改善＆自律神経を整える

ために「マインドフルネス」はおすすめです。あとは、「思考がヒートアップして何からしていいのかわからない」とフリーズ状態になった時にも、ゆっくりとした呼吸をすると思考がスローダウンするので、呼吸は思考をコントロールすることもできます。呼吸をきちんとするだけで変わってくるんですね。

 血糖値と言えば、以前に「GI値※8」に気をつけなさいという本を読んだことがあります。血糖値とGIについても、少し教えてもらえますか？

 まず、血糖値が上がりやすいのは、「白い食べ物」です。

 白い食べ物？

 「白い食べ物」というのは、小麦、白砂糖、白米など精製されたものですね。これらを食べると血糖値がぐっと上がります。血糖値が上がることで、脳が快感を感じてハイな状態になると言われています。

 砂糖が入っているチョコレートのような甘いものを食べると、なんとなく仕事が進んだりするようなこともありますが、そんな感じでしょうか？

---

※8　グリセミック指数（Glycemic Index）の略。食後血糖値の上昇度を示す指数で、GI値が高い食材を食べると血糖値が急上昇し、反対にGI値が低い食材を食べると血糖値は緩やかに上昇する。

その通りです。

でも、厄介なのは、先程お伝えした通り血糖値は上がった分、下がるんです。たとえばランチの12時にパスタや菓子パンを食べたら血糖値はぐんと上がります。そして食後90〜120分くらいすると胃が空っぽになっていきます。12時に昼ごはんを食べたら、だいたい2時くらいに、血糖値が下がってくるので、血糖値を上げるためにまた同じくらいの糖分がほしくなってしまうんです。

この血糖値のアップダウンが人間の身体に負荷をかけるので、できるだけ振れ幅を少なくする食べ方をしましょう。

そのためには、とにかく先程挙げたようなGI値の高いものは注意して摂るといいですね。

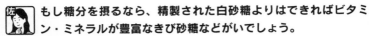白米、白砂糖、小麦……ですよね。甘いものはわりと好きなんですが、そもそも砂糖全般がダメなんでしょうか？

もし糖分を摂るなら、精製された白砂糖よりはできればビタミン・ミネラルが豊富なきび砂糖などがいでしょう。

色を、白から茶色に変える意識を持つといいですね。先程、お米を食べましょうと言いましたが、白米を玄米にする。白砂糖をきび砂糖か三温糖にする。白いパンではなくて、全粒粉パンにするなどの工夫ですね。

こういったものが、GI値が低めの食品ということですよね？

そうです。茶色いものに替えると、血糖値の急激な上昇を緩やかにできます。そうすることで、身体に負荷もかかりづらくなりますし、血糖値が一気に下がって眠くてしょうがないという状態や、集中力が途切れるようなことも回避できます。

| | 低GI食 | 中GI食 | 高GI食 |
|---|---|---|---|
| 炭水化物 | 春雨、蕎麦<br>玄米<br>全粒粉パン | うどん<br>パスタ | 白米<br>精白パン |
| 野菜 | レタスなど葉もの<br>きのこ類、大根<br>かぶ、ピーマン<br>ブロッコリー | さつまいも<br>里いも | にんじん<br>かぼちゃ<br>じゃがいも |
| 乳製品<br>お菓子・果物 | ナッツ類、牛乳<br>ヨーグルト<br>チーズ、りんご<br>いちご | プリン、ゼリー<br>アイスクリーム<br>パイナップル<br>バナナ | フライドポテト<br>せんべい<br>クッキー<br>チョコレート |

食べるなら白より茶色！　これを意識するようにします。
仕事でいろいろ勉強することもあり、体調もあまり優れないと、いろいろな食べ物の良し悪しを覚えるのも面倒だなと感じることがありますが、「食べるなら白より茶色！」くらいの心づもりだけなら簡単です。気が楽です。

## 捨てる意識

「いろいろし過ぎない」ということも大事ですね。「捨てること（＝やらないことを増やすこと）」がすごく大事ですよ。

G 自分にストレスになることは、減らしていきたいですよね。そうか、「To do list」を作るよりも「Not-to-do List」を作ることこそ、今の私には必要なんだな、きっと！

佐 そのことに気づけたのなら、よかったです。これから家族が増えたら忙しくなるのは間違いないですから。
あと、食事は大切ですが、無理しないようにしてください。日本人は、普段は「一汁一菜」でも十分です。ごはん、味噌汁、主菜が１つ。これだけで栄養は足ります。たくさん作らなくていいんです。

G 「やらなくてもいい」ことが増えていけば、それだけ育児に時間を取ることができますし、復職の準備をするにも余裕が出てくるかもしれませんね。何よりも心にゆとりが生まれそうです。

佐 無理を極力しないことがいいですね。

G 出産後は、昼夜を通して授乳しますし、保育園で発熱したら急なお迎えになることもあるでしょうし、そもそも毎日の保育園の送り迎えなども大変そうです。あと、私は社内結婚なので、主人が会社にいます。育児分担ができるかどうかが今から心配です。
解決策なんてそうはないはずですが、少しでもうまくやる方法はないですか？

佐 お互いが得意なことをやるしかないと思います。個人的な話ですが、私は洗濯物があまり得意ではありません。けれど、パートナーはとても得意です。しかし、役割分担を決めてしまうと、「これやってないよ！」「あなたの仕事でしょ!?」とケンカの火種になることもあるでしょう。なので、得意なところはゆるやかに任せて、パートナーと

よく相談するのがいいと思いますよ。

また、自治体により違いはありますが、助成金を出している場合もあり、ベビーシッターや家事代行なども利用しやすくなっています。大変な時はすべてを自分 1 人、あるいは夫婦だけで回そうとしなくてもいいでしょう。

 家事も育児も、適材適所ですね。

得意なところは自分でやり、そうじゃないところは誰かに任せる。いい意味で甘えるのもいいと思います。母親になったから完璧になんでもやらなければいけないなんて、そんなことありませんし、絶対に無理ですから。「甘える力」を発揮しましょう。

特に女性の出産という経験は、男性には理解が及ばないところもあるので、無力さを感じることも多いと聞きます。ですので、「出産後」は男性にたくさん頼ってください。「男性は育児ができない」という思い込みを捨てることも大事です。

マウント取り合戦をしている同期とは、「仕事はより完璧でなくては！」という点で、張り合ってきたと思います。でも身体のことを考えると、「甘える力」も獲得していかないといけませんね。

そうですよ。別に、女性だから、男性だからということではなくて、2 人の人間が家の中にいて、それぞれができることをやればいいのです。

「妊娠してるから」「夫だから」「妻だから」と言った思い込みやレッテルを貼るのはやめにした方がいいですね。

**G** どういうことでしょうか？

**佐** つまり、妻や母親である前に、GさんはGさんですよね。「私は Gとして〇〇〇します」と、"個人に立ち返った語り口" が、大事 だと思います。

**G** 確かに！ 「私」を主語にすることって、自分のアイデンティ ティーを確かめることにもなります。「私は私」ですものね。子ど もを産んでも、それは変わらないですから。そこは見失わないようにし たいです。役割も大事ですが、役割に支配されない時間を持つことが大 事ですね。

**佐** 面談前に比べて、だんだん、Gさんの顔色がよくなってきた気が します。お話が功を奏しているのならよかったです。他に何か気 になることはありますか？

## 復職について

**G** これは先輩の話なのですが、復職面談で、会社が気を使って「大 変だろうから、元の部署（職種）ではなく、もう少し楽なところ に換えましょうか？」と提案されたと聞いたんです。
私は個人的には、「今の仕事が好きで続けたい」と思っています。
でも、先輩のように「大変だろうから、楽な部署へ」という提案をされ てしまうかもしれないと思うと……これもまだどうなるかわからないこ とへの不安ですが、たまにそのことが頭をよぎります。

それは会社なりのいい意味での配慮であり、優しさとも言えますね。

人によって大変と感じること、楽に感じることは違います。また、出産前のその人のエネルギーレベルが、出産後は変わっていると考えるから、会社側が復職時にそういう提案をしてくるものだと思うんです。

私の前職の話ですが、「子育てがあるから大変です」と頻繁に話しているメンバーがいました。そういうのを聞いてしまうと、やはり会社側も配慮しようとしてしまうのではないでしょうか。

もしもGさんが本当に元の職場で、出産前と変わらず働きたいのであれば、出産前に比べて体力やエネルギーレベルが下がっていないことを示せるように振る舞うことを心掛けてみましょう。「私はお母さんになったんだ」という意識も大事ですが、まずは「私は私」という意識を持つことが重要です。ただし、無理は絶対にNGです。

「運動」「睡眠」「食事」に十分注意した上で、以前と変わらない自分を、無理のない範囲で「演じる」ことにチャレンジしてみましょう。

それはなかなか覚悟がいることのような気がします。でも、仕事を頑張りたいのなら、会社に余計な配慮をさせないような姿勢を見せるということですね。

そうです。いい意味で役者になってみませんか。また社会人は誰でも役者の一面があると思います。特に管理職や営業職などは典型的な役者とも言えます。

「子育てはしているけれど、別に前とまったく変わらないです」という状態を演じるんです。慣れてしまうとけっこう快感かもしれませんよ。

「ぜんぜん問題ないので、私はこの仕事がやりたいです。やらせていただけませんか？」と、毅然とした態度で上司や人事には伝えるようにするんです。

逆に「大変そうだな」と感じさせてしまったら、周囲は必ず気遣いをし

ます。そうすると、「この社員には配慮しなくちゃいけないな」という流れになってしまいます。周囲にそう思わせないように、できるだけ自分の言動・行動に注意してみてくださいね。

私にできるかなあ。でも、変に気を使われ過ぎたら、逆に職場にいるのが窮屈になりそうだしなあ。疲れていたらそういう表情が出てしまいそう。だからこそ、出産後であっても、心も身体も元気で健康であることが大事なんですよね？　そうしたら、今までと変わらない自分を、職場でも受け入れてもらえるはずですものね。

## 手抜きの大切さ

その通りなんですよ！　産後も心身ともに元気でいるために、家事や育児で無理をしないようにしてください。こだわりを持つことも大事ですが、離乳食もある程度手抜きをしてもいいんです。今は健康に配慮したレトルト食品や、離乳食配達サービスなどもあります。鬼のような形相で手作りしなくていいんですよ。そのせいでイライラしたり、子育てがつらくなるよりも、ラクできるところはラクをして、自分をいい状態に保って、家族に接したり、会社に行く方がよっぽどいいですね。
完璧じゃなくていいんです。「そもそも完璧なんて誰が決めるの？」と問いたいですね。

自分がいい状態になるためにはどうしたらよいかを、意識することが大事ですね。それが子どもにもいいし、職場でも今まで通りの自分として高評価してもらえることになるわけですね。

そうですよ。疲弊して会社に行ったら、「やっぱり休んだ方がいいんじゃない？」「子育てしながら今の仕事は、負担が大き過ぎるんじゃない？」となってしまいますよね？
だからこそ、「やらないこと」を決めて、もっと全体的に自分をよい状態に持っていくにはどうしたらいいか、それを考えましょう。そして、睡眠、運動、食事に気をつけること。

子育ては、「手作り信仰」みたいなものがなんだか根強いような気がします。手作りする余裕があって、それが性に合っている人はいいけれど、自分にあてはまらない場合は、育児にまつわる「～すべき」「～しなければ」みたいな固定観念にも振り回されないようにしないとなあ。

小さい頃はそんなに濃い味つけのものは食べられませんよね。ですから、本当に子どもの食事は素材重視でいいと思います。調味料に無添加のものを選ぶとか、そもそも調味料をあまり使わないとか。素材そのものを活かした料理をすればいいんじゃないでしょうか。野菜を蒸すとか、それくらいの手間の料理でも、子どもの栄養は十分足りますよ。

ゆとりを持って体調を整えることが大事なのかな。
あと、先程の「甘える力」ですが、これって仕事にも活かせますよね。これを言葉通り受け止めると、「楽な部署に異動させてよ」というふうにも捉えられるけれど、「もっと私のやりたいことをさせてよ」というふうに「甘える力」を発揮させていけば、「あ、あなたは元の仕事を継続してやりたいんだね」と受け止めてもらえるのかもしれませんね。

そうですね。

自分をよりよい状態に保つために、「今、私がやりたいことはなんだろう？ そして、やりたくないことはなんだろう？」を問い続ける大切さがわかってきました。

ふと思ったんですが、この考え方って、「私たちの会社はどうしたらいいんだろう？」という疑問にもつながりそうですね。これは長い目で見て「健康経営」「パーパス経営」にもつながることなのかもしれないと感じました。

## 甘えるスキルとコミュニケーション

おっしゃる通りですね。
甘える技として1つアドバイスです。

「こうやりたいから、ここを手伝って」という具体的なことを言わないと、周囲はどうしたらいいかわからず、お手上げ状態になってしまいます。たとえば、駅の券売機の前で、行き先を告げずに呆然と立っていても、誰も助けてくれませんよね。でも、「私は溝ノ口方面に行きたいので、切符を買う手伝いをしてほしい」と言えば、周囲は助け方がわかります。まずは行き先を自分の意思で伝えることです。

自分がやりたいことを伝えて、具体的なサポート依頼をすることができる力＝甘える力」だと、私は思うんです。

「これがしたい。でも、ここはできないから、助けてください」と素直に言えるかどうかですね。

私もそう言われたら「大変だね、手伝うよ」と、具体的な行動にすぐ移せると思います。

どう手伝ったらいいのか、特に家事や育児に関することは、男性側はわからないことがたくさんありますからね。男性の上司も部下もわからない、ということもあります。

今みたいに言えば、「周囲に伝わる、わかってもらえる」ということですね。

「AがしたいからBを手伝って」とか。「これがしたい」を伝えた方がいいですね。パートナーにも「今日は子どもとゆっくりお風呂に入りたいから、お皿洗いのサポートをしてほしい」とかね。会社の人にも「Cまではできるんですが、Dって誰かにサポートしてもらうことは可能ですか？」みたいにね。
あとは、「今日だけでいいです」と、期限を伝えて助けてもらうのも、より具体的でいいと思います。周りもみんな忙しいので、「いつまでに、ここまで助けてもらえたらいいです」と、そういう言い方だと周囲の受け止め方も変わってくると思います。

なるほど、コツがつかめた気がします。基本的な質問に戻ってしまうのですが、子どもの夜泣き、授乳で何時間かおきに起きなくちゃいけないなどを想像すると、体力的に出産後しばらくは大変かもしれません。そんな中でも、心と身体を健やかに保つためのコツはありますか？

そこはもう、コントロール不可なので。夜泣きはコントロールできないですよね。自分も眠れなくてしんどくなるでしょう。また、今までできていたことができなくなり、不満が出てくることもあるでしょう。
でも、安心してください。人間はすごいのです。授乳中の母親の脳の状態は変わります。短い睡眠時間でも身体に大きな負担がかからないよう

な仕組みになっています。ぼーっとする時間があったり、疲れを感じることもあると思いますが、授乳期間中は短い睡眠時間でも大丈夫だと言われています。

あとは、少しでもリフレッシュする時間を自分で見つけておくのが大事だと思います。

たとえば、リフレッシュ方法が旅行となると、時間がないとできませんから難しいですね。でも、このアロマの匂いをかぐと安心する、といった、お手軽なリラックス方法はいくらでもあります。

時間がないとできないものとか、お金が特別にかかるものは、妊娠中や子育て中は難しくなると思いますので、気軽にできることを試してみるといいと思います。

ぬいぐるみを触るのもいいですよ。かわいい柴犬を見るだけでリラックスできるというのなら、犬の動画を見るのもいいですしね。

 気分転換のスイッチを、いくつか持っておくといいんですね。

Gさんはどんなリラックス方法を持っていますか？
実は、人には2つのリラックス方法があると言われています。人類の祖先は、群れで守り合うシステムだったので、同じ種類の生き物の気配に安心感を得ます。人とつながり合うことで安心し、リラックスできるんですね。だから、リモートワークが続くと人に会いたくなるとか、自宅で仕事をするよりもカフェで仕事をした方が集中力が高まることがあるんです。一方で、文明を発達させてきた人類は、1人でいることでリラックスすることも覚えました。プライバシーが守られることで、安心感を得るようになったんですね。

赤ちゃんとお母さんは、ずっと一緒にいる状況が続きますが、1人でいる時間がなくなることでお母さんにはかなりのストレスがかかってきます。子どもは大好きなんだけど、1人になれる時間がないのがつらくな

ってくるのです。

子どもを放っておいて 1 人になりたいなんて、どうかしているんじゃないかと自分を責めてしまう人もいますが、定期的に 1 人の時間を持つことは自然なことです。なので、週に何回かはお風呂の時間を 1 人で過ごす、その間はパートナーに子どもを見てもらう、などのようなリラックスのスイッチを持っておくのが大切なんです。

 つながっている時間と、1 人の時間。この 2 つの時間が人には必要だということですね。子育てでは、つながりのリラックスは満たされそうですが、逆に、1 人リラックスの時間を作る方が、工夫が必要そうな気がしました。

 自分の欲求に素直になるということが大事ですよ。そして、無理にコントロールしないことが大事です。

また、つわりも夜泣きも、終わる時期がだいたい決まっていますから。あとどれくらいの期間で終わるかがわかっていれば、「あと 2、3 か月の辛抱だ」と考えることができるので楽になれるものですよ。

 終わりの目安をなんとなく押さえておくことが大事なんですね。

 そうですね。夜泣きした時や授乳中の注意点を 1 つだけお伝えします。夜泣きした時、母親は起きますよね。そして、1 時間から 1 時間半（90 分）くらいあやしたり、授乳したりします。その時に間食しないでください。食べたあとは、90 分くらいの時間をかけて消化するという話をしましたが、間食が多いと、消化しきれない食べ物が胃腸に残り、過度な負担をかけてしまいます。ごはんを食べない時間があると、ぐうとお腹が鳴りますよね？　それは、壁面についた汚れを胃腸が収縮して一生懸命に取っている時間なんです。あの「ぐう」とお腹が鳴

る時間は、胃腸にとってはお掃除時間であり、休息時間であり、実は大事な時間なんですよ。

 ということは、お腹が鳴っても、つまみ食いはよくないということでしょうか？

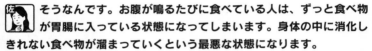 そうなんです。お腹が鳴るたびに食べている人は、ずっと食べ物が胃腸に入っている状態になってしまいます。身体の中に消化しきれない食べ物が溜まっていくという最悪な状態になります。
だから、間食を避けるのがものすごく大事です。お腹の中がきれいになりきれずに、汚部屋のようになってしまいますから。こうなると、せっかく食事に気をつけていいものを食べても、消化吸収できない胃腸になってしまいます。また、胃腸の活動によって血液は作られるので、胃腸が汚い状態であったり、常に活動し疲弊していると血液の生産量が落ちてしまうと言われています。

 食べ物に気をつけていても、下手に間食をしてしまったらダメだということですね。

 母乳をあげるので、お母さんは自分の食べるものにとても気をつけているはずです。でも、ちょっと間食をすることで、老廃物が胃腸にたまって、次に食べた身体にいいものを吸収できなくなるという悪循環になるのですね。
私たちは寝ている時は何も食べません。あの時間は胃腸がきれいに掃除されている時間なんです。夜泣きに合わせて自分も起きて、その時に何か間食すると、胃腸の掃除の時間も短くなってしまいます。なので、間食には十分気をつけましょう。
ぐうとお腹が鳴っても、それはお腹が空いた合図ではないので注意してください。あ、お水は飲んでも大丈夫ですよ。

お茶でもいいですか？

**はい。お茶ならノンカフェインを選択してください。特にローズヒップティーはおすすめです。ノンカフェインですし、甘い香りもしますから、甘いものを食べたい欲求も抑えられます。**

せっかく産んだ我が子は、健やかに育ってほしいですよね。やることはいろいろあるけれど、子どもが健やかであるためには、自分自身も健やかでないといけないですよね。そうやって命がつながれていく気がします。

**母親の感情を子どもは敏感に察知してしまうものです。子どもは大切ですが、それより前に、母親の心身が整わない状態ではいけません。母親が満たされてない状態は、子どもも満たされない状態にしてしまいます。自分へのフォーカスも忘れないようにしてくださいね。**

## 簡単なエクササイズ

復職後ですが、子育てがあると、前とは時間の使い方が違ってくるはずです。育児に時間が取られると、全体的な時間の使い方を考え直さないといけないですよね。どうしても、時間が足りないと感じてしまったらどうしたらいいですか？

**タイムマネジメント力も必要ですが、その前に体力をつけなくてはいけないと思います。結局、自分のキャパシティーは自分の体力で決まってきます。**

体力がないと、やる気が起こらなかったり、もう限界、と自分の行動に制限をかけてしまうので。

妊娠中も、復帰前も、タイムマネジメント以上に、いかに筋肉量を落とさないかが大事ですね。「職場復帰してから筋トレをしよう」ではなくて、妊娠中から筋肉量を意識してください。

確かにタイムマネジメントのスキルも大事なんですが、それよりも、自分の身体を信じ、切り盛りできるかは、自分の体力、筋肉量にかかっています。無理せずに筋肉の貯金を蓄えておきましょう。

 妊娠中ということもあり、何をしていいかわからないのですが、妊娠中（身体が重たい時）におすすめの運動を教えてください。

ウォーキングはおすすめです。

もし歩くのなら、厚底の靴だとあまり意味がないので、ソール部分が薄い5本指シューズみたいなものを履くようにしてください。

ソール部分が薄いシューズで、5本指でぎゅっと地面をつかむように歩くと、ちょっとした筋トレ効果が期待できます。ハードに身体を動かせない人でも、買い物に行く時のシューズを替えるだけで、効果がありますよ。できれば、アスファルトの上よりも、公園の芝生や砂浜の上などを歩くのがおすすめです。

ジムで筋トレしたり、マタニティヨガのクラスに参加するのもいいですが、お金がかかるので、手軽にできることをされるといいと思います。

すごく具体的なお話を聞けて、妊娠中の体力の低下にも、なんとか対処できるかもしれないと、自信が持てました。ありがとうございます。

今、ここにいる自分を大事にします。先々の不安も、考え過ぎはよくないから、そういう気持ちになりかけたら、少し身体を動かしてリフレッシュしようかな。産休・育休に入るまであともう少しあるので、隙間時

間にどんな勉強をしたいか、積ん読になっていた本など、改めて棚卸ししてみます。そう考えたら、なんだか不安よりも楽しみな気持ちが湧いてきました。

 妊娠したこと自体が、すごいことですから。せっかくの赤ちゃんとの日々も大事にしつつ、Gさんらしい生き方や暮らし方がこれからもできるといいですね。また何かあったら、いつでも尋ねて来てください。

はい。今日は本当にありがとうございました。

## その後のお話

# 7人の
# フィジカル・シンキング

セッションに参加した7人は、メンターとの対話を通して、気づき、学び、反省し、気持ちを新たにしてそれぞれの日常に戻っていきました。

それから半年後——7人は初めて一堂に会する機会を得ました。

セッションで感じたことは、そのあとの仕事や暮らしにどのように活かされたのでしょうか。そして、心と身体にどのような変化があったのでしょうか。

### Aさん （28歳、女性）

営業職。独身。忙しくて食生活が乱れがち。1人ごはんにためらいあり。働かない同僚にイライラ。寝つきもよくない。

### Bさん （24歳、男性）

入社2年目の若手社員。ケアレスミスが多く、週明け月曜日が憂鬱。若さ頼みの働き方を変えて、もっと仕事ができる人になりたい。人の視線、自分の見た目が気になりがち。

### Cさん （50歳、男性）

勤続年数約30年のベテラン営業マン。年下上司への接し方に悩む。体力の衰えや定年への漠然とした不安あり。元マネジャーというプライドが、何かと仕事の足枷になっている。

### Dさん （33歳、女性）

品質管理部のマネジャー。年上部下への接し方に悩む。働かない男性の部下をどう指導すべきか模索中。女性ということで不利な立場に置かれているのではないかという不安もあり。

### Eさん （40歳、男性）

中間管理職。「健康経営」を推進する立場を担う。禁煙できない。離職率の高さ、経営層の「健康経営」への理解不足に悩む。

### Fさん （45歳、男性）

開発チームのリーダー。経営にも参画。元スポーツマンで健康管理には自信あり。そのため、健康管理ができない部下の理解に苦しむ。

### Gさん （30歳、女性）

マーケティング担当。現在妊娠中。第1子出産を前に、出産後も育児しながら働けるのかどうか不安がある。

**全員**：（三々五々に挨拶）：はじめまして。今日はよろしくお願いします。

 生え抜き社員として働き続けてきたので、こんなふうにいろんな会社のさまざまな肩書きの人たちと一度にお会いするのは、めったにないことです。この中では、私が一番の年長者のようですね。

 一番の若手は僕ですかね。

 年長者か若手か……さっそくですが、こうして社会人同士が顔を合わせると、やはり年齢のことって、どうしても気になるものですね。現に初対面だけれど、お互いの年齢差のことを意識しているのがわかります。

 日本人にしみついた感覚なのかもしれないですね。

 その通りですね。でも、セッションを受けてから、私はその「年齢」のバイアスを外すように意識するようになりました。「年齢」でその人をくくるのではなく、「人」としてどう見るか。そこが大事だなと。

 そうですよね。会社員の使命は利益を上げ、パフォーマンスをよくし、成果を出すこと。そのために何をすべきかを考える時、年齢によるバイアスが邪魔をすることがある。

 特に私は、年齢を意識し過ぎて、社内コミュニケーションに問題を抱えていたから。

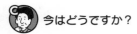 私もその通りです。私にとっては「年下上司」が脅威でした。ただの上司ならこんなに思い悩まなかった。年下上司を持ったことで、自分の中の年齢バイアスに気づく機会ができました。

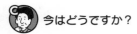 同感です。私の場合は、「年上部下」に悶々としていました。でも、年齢は関係なく、父親のような年齢だけれど、シンプルに「部下」として接すればよかったのですよね。そんな簡単なことがなかなかできなかった。

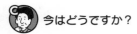 今はどうですか？

 戸惑いがないわけじゃないです。でも、メンターのアドバイスを受けて、「ピープルマネジメント」の講義を受け、本も数冊読みました。目から鱗でしたね。年上の人には敵わないとなぜ思い込んでいたのか。それくらい、自分の中に年功序列や社会的ランクの考え方がしみ込んでいたことに気づけました。

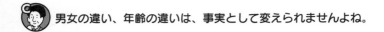 男女の違い、年齢の違いは、事実として変えられませんよね。

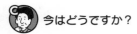 そうなんです。でも、事実はありのまま受け止めないといけない。

 それは、若手とベテラン社員の違いも、ですか？

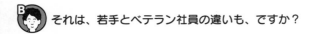 そうだと思います。違いは違いとしてありのまま受け止める。その上で、自分の今の立場に必要なピープルマネジメントのスキル

を、じっくり考えてみました。知識武装・スキル武装したら、年齢差とか、男女の違いなどが、さほど気にならなくなってきました。

 私はもともと、男女の違いとかそういうものを仕事で意識したことがありませんでした……というか、意識していないつもりでいました。そういうことを抜きにして、男女は対等だと感じていたんですね。対等であることに変わりはないけれど、でも、自分が妊娠したことで、よくも悪くも「違い」は意識するようになりました。そこに気づけてよかった、と今は思っています。

私はまだ独身ですが、もしかしたら今後、妊娠や出産の機会があるかもしれません。Ｇさんのような方の仕事への意識、生き方などにはとても興味が湧きます。

ありがとうございます。でも、妊娠・出産は、女性だけにしか経験できないことだと思っていましたが、その認識は少し変わりつつあります。妊娠、出産、子育ては性別にかかわらず男性である夫とともに互いに協働して経験できることだとも、実感し始めています。
妊娠したことで、いったんは仕事を離れなければならない。そこに焦りを感じていた時期もありましたが、セッションを受けて考え方が変わりました。

どんなふうに変わったのでしょうか？

もう少し、今のこの状況を前向きに考えようという意識が強くなりました。仕事の第一線から一時的には外れますが、それは長い人生のほんの短い一時期であり、私の人生（キャリア）はまだまだこれからも続きます。妊娠することで、価値観のパラダイムシフトの大掛か

りな装置にかけられた感じかな。でもそのおかげで、もっと長い目で自分のキャリアを考えられるようになった気がします。

 視野が広がったとも言えますか？

そうですね。割り切りとも言えるかもしれません。妊娠したことで、新しい命の成長にも意識を向けることになりましたので、今まで以上に自分の身体と向き合う機会が多くなりました。自分自身を大切にするきっかけにもなりました。いい意味で今までは見ないふりをしてきた体調管理に目を向けられるようになったんです。
仕事は大切だけど、子どもの人生も大切なものですし、健やかな成長期を送ってほしいので。何より健康を損ねることはできないから、母親の私も子どもも、無理はしないつもりです。
でも、だからといって、仕事をおろそかにするわけじゃない。
仕事もプライベートも自分自身が納得するためには……納得というより、"自分が送りたい人生を送るためには" と言った方がいいですが、土台となるのは「健康」です。それが何より大事であり、人生のステージごとにいろんなことがあるから、今何を優先したいのか、それはなぜなのかを考えられるようになりました。

その余裕が、仕事を俯瞰的に見るのに大事なのかもしれないですね。僕は相変わらず、自分のことだけで手一杯な感じの毎日です。
Gさんのように、価値観を根底から揺るがされるような経験もまだない、お恥ずかしながら！
でも、自転車操業のような感じで、達成感や満足感を得られないまま仕事をする毎日が、正直しんどかったので、セッションを受けたんです。
そのあと、自分なりに、小さなパラダイムシフトを試みました。

まだお若いのに、えらいですね。どんなことを試したんですか？

B 付け焼き刃の対処法ばかりしていたのを改めました。集中力を高めたい時に、ガーっとエナジードリンクを一気飲みしたりして。それで、目の前のプレゼンや会議をどうにかしのげたら、それでいいと思っていました。でも、その場しのぎの対処法を続けても、根本的な解決にはならないんですよね。

A エナジードリンクでシャキッとしようとしたことが何度もあるので、よくわかりますよ、そのお気持ち。

B 最初はピンと来なかったんですが、メンターのアドバイスで、砂糖やカフェインがたくさん含まれたエナジードリンクは、飲むのを控えました。効果が切れた時の悪影響や依存性が怖くなったんです。その代わり、集中したい時は、呼吸を整えるようにしています。

G 私は妊娠中だから、マタニティヨガで呼吸を整える方法をやっています。マインドフルネスな心持ちになれると、起きていないことに不安な気持ちを抱いたり、過去のモヤモヤに引っ張られたりすることが一瞬でもなくなるので、自分の中に余白のようなものができて、自然とリラックスできますよね。

B そうなんです。まさにそのマインドフルネス。極度に緊張した時や集中力を高めたい時に、呼吸を整えるように気をつけるようにしたら、ケアレスミスも減っていきました。慌てた時ほど、落ち着くようにしたら、不思議と、ゆったりと物事を見られるようになったというか……。

**G** 不思議ですよね。「今、ここ」に集中すると、不安が薄れて、なんとかなる……という気持ちになってくる。

**C** 呼吸を整えるだけなら、いつでもどこでもできますしね。エナジードリンク頼みだと、自動販売機やコンビニをいつも探さなくちゃいけなくなる。不経済ともいえるかな。

**A** そういえば、セッション前は、自分の身体なのに、なんとかなる、なんとかできる、と思っていなかったですね。自分の身体のことを信じていなかったのかな、私は。

**F** 私とは真逆ですね！　私はもともとがアスリートなので、やった分だけ筋肉はつくし、体力もアップするし、身体は裏切らないとずっと信じてきた人間なので。

**A** 運動習慣のある方は、自分の身体としっかり向き合っていますね。私にはその習慣がありませんでした。だから、自分の身体のことなのに、どこか他人事みたいでしたね。お腹が空いたら、とりあえず、なんでもいいから食べておけばいいや、みたいな感じでしたから。

**F** 今の食事はどうですか？

**A** けっこう変わりましたよ。必ず3食食べようとは思わなくなったんです。その代わり、1食の内容にこだわっています。
さすがに毎日はできませんけれど、できるだけ良質のタンパク質を多めにとって、炭水化物は控えめにしています。疲れた時にコンビニでなんとなく甘いものを買って食べていましたけど、それも控えめにしています。

なんとなくですが、身体全体が、軽くなった感じがしますね。

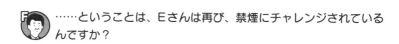 自分の身体のことなのに、なんとなく他人事……禁煙に何度も失敗していた私も、似たようなものだったのかもしれない。「きっと、いつかやめられるはずだよね」と、誰かがどうにかしてくれるだろう……みたいに思っていた。たばこの煙を吸い込んでいるのは、今、ここにいる自分なのにね。

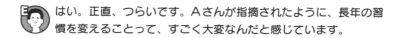 自分が健康なうちは、人って健康のありがたみに対して鈍感なのかもしれませんよね。私は、健康上の問題などは今はありませんが、でも、セッションで「習慣を変えていくこと」の大切さを痛感したんです。習慣を変えるのってなかなか難しいじゃないですか。だから、まだ20代の今から始めても、早過ぎることはない、むしろ手遅れになる前に「始めるなら、今なんだ」と考えるようになれたんです。

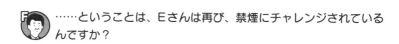 自分の身体や健康のことなのに、他人事じゃダメですよね。私も、「個人の健康は、会社の資産（資本）」だという「健康経営」の考え方に真剣に向き合うようになったら、経営層の意識を変える前に、まずは自分が変わらなくちゃいけなかったのだと、焦りました。

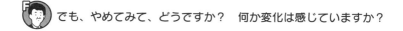 ……ということは、Eさんは再び、禁煙にチャレンジされているんですか？

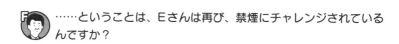 はい。正直、つらいです。Aさんが指摘されたように、長年の習慣を変えることって、すごく大変なんだと感じています。

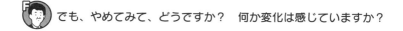 でも、やめてみて、どうですか？　何か変化は感じていますか？

**E** まず、行動が変わりました。たばこを吸う人が行く場所に行かなくなった。飲み会に行く機会も減りましたし、外出先で喫煙所を探すこともなくなったので、時間に余裕ができました。加えて、金銭面でも、かなり節約になっています。

**F** 少額でも、積み重なればそれなりの金額になりますよね……。

**A** 小腹が空くたびに食べていたおやつも、似たような感じです。「これくらいなら、ま、いっか」が積み重なると、浪費も不健康な食習慣も、どんどん当たり前になっていく。

**F** いい習慣が積み重なるならいいですけれどね！　禁煙により、Eさんには他にどんな変化があったんですか？

**E** 吸いたくなった時に、「たばこがどれだけ身体に悪いか」を頭の中でそらんじるようにしていました。そうしたら吸う気持ちも失せていくというか。

**A** セッションで飲酒の怖さを聞いてから、私もアルコールを買う気がしなくなったんです。それと同じですかね。

**E** どうしても誘惑に負けそうな時は、「わざわざ自分の身体によくないものを吸い込みたいのか？」と問いかけています。自分と向き合う時間は増えたと思います。
あとは想像力かな……。

**F** 想像力？

はい。喫煙者だったからこそ、禁煙に何度も挫折していたからこそ、たばこをやめられない人の気持ちがよくわかります。だから、たばこを吸う人を見かけたら、「あの人も、実は禁煙できずに苦しんでいるのかな」と、そんなふうに想像したり、共感する気持ちになったりするようになりました。

想像力、大切ですよね。私にはそれが、少し欠けている部分があった。たとえば、自分が健康管理に自信があり、そうすれば仕事のパフォーマンスも上がるとわかっていたから、ぜんぜんできない人・やらない人の気持ちが理解できなかったんです。それが自分の仕事上の悩みでした。

今は、どうですか？

Eさんは、たばこがいかに不健康かを、頭で理解しようとしましたよね。そうやって、禁煙行動を促した。それと同じように、「健康にいいとはどういうことか」を、部下から健康状態の聞き取りをする時に、より具体的な質問に落とし込んで、尋ねていったんです。

たとえば？

 たとえば、「よく眠れているか」について尋ねる場合も、具体的に何時間眠れていて、その質（熟睡できた感じはあるかないかなど）までを確認する。食事に関しても、1 日何食食べていて、1 回の食事でどれくらいの炭水化物、タンパク質、脂質を摂っているのかなど。そうすると、嫌でも、そういった健康に欠かせないポイントを意識するようになるんですね。

**B** 「健康にいいことをしなさい」と言われても、具体的に何をしたらいいか戸惑う人もいるでしょうね。少し前の私なら、きっと何から始めていいかわからなかっただろうな。

**F** できる人が、わかったような顔で「あれをしなさい」「これをしなさい」「こうするのがいい」を言ったところで、何にも伝わらないですね。かつての私がそうでした。だから、部下と1 on 1で対話して、どんな言葉で語りかけたら、この人は動くのか、ということをすごく考えるようになりました。
あとは、Eさんがおっしゃっていた想像力ですね。その人の立場で、物事を見るようにするということを心がけるようになりました。

**C** ……結局、その方が自分も働きやすくなりますよね。世の中の変化もとにかく早いし、長く働いていれば、自分よりはるかに年下の人たちと働く機会も増えていく。世代間ギャップもあるし、価値観の違いもある。想像力を働かせていろんな人と共生していく術を見つけないと、生きていくのがつらくなるだけです。

**B** 年上の方々のお話を聞く機会が今まであまりありませんでした。でも、みなさんのお話を伺って、それぞれの年代ごとに、いろんな悩みがあるのだなと感じます。

**C** 実は、私はBさんのような若い社員に、ちょっと気後れしていたんですよ。若いというだけでうらやましかったですし、老いていく一方の自分が、なんとなく役立たずのような気分にすらなっていました。

**B** そんな！　私は、実績と実力のない自分に焦りを感じているくらいなので。若いというだけで自分を守ってくれるものはなんにも

ないです。体力面で無理ができるというのはありますが、それにも限界があるでしょうし、何よりそれを変えたいと思っていたので。

 50代にもなると、無理なんてとてもできない！　それは若さの強みです。私は年齢へのバイアスがかなりありましたが、セッションで「老化は止められないけれど、ブレーキで進行を緩やかにすることはできる」と聞いて、すごく励まされました。
あと、Bさんのような若い人にはなくて、私にはあるもの、そこに目を向けるようになりました。

 たとえば、どんなことですか？

 今の自分だからできることに、とにかく自信を持つことです。年下上司との距離感で悩んでいましたが、自分から年下上司をサポートする気持ちで、対話するようにしています。

 何か変化は？

 本当のところ、年下上司が何を思っているかはまだわかりません。でも、少なくとも話をすることを諦めなくなりました。だから、少しでも気になったことがあれば、年下上司に確認や質問をします。すると、きちんと返してくれる。これだけのことですが、年齢に関係なく、必要なことをやりとりする関係性は、以前より築けているはずです。

 年齢に囚われなくなってきた……ということですかね？

C その通りですね。働く目的は1つ。チームのパフォーマンスを上げて、会社の利益に貢献することです。それは、年下上司も私も同じですから。

B 私も、いつかCさんのような「年上部下」や、Dさんのような「年下上司」になることがあるのかな。

G きっとありますよ！ 私のように、妊娠・出産を控えた同僚、部下、上司と仕事をすることもあるでしょうしね。

B でも、どんな時でも、どんな立場でも、会社員である以上は、会社全体のパフォーマンスを上げること。これが目的ですよね。

E そうそう。その目的を達成するには、社員1人ひとりの健康が欠かせないですし、社員それぞれがお互いの違いを認めて、協力し合わないといけない。

A 食生活を改善したり、1回の食事の質にこだわったり、アルコールやエナジードリンクを控えるようにしたり……自分のために生活習慣を変えてみたけれど、それは長い目で見たら、会社の健康経営に貢献していることになるのかな。

F その通りですよ。Aさんはご自身でリセットされたのだから、すばらしい。私の会社の経営層にも、Aさんのような意識を持ってもらいたい。環境が人を作るし、人が環境を作るとも言えます。どちらが先かわかりませんが……どちらも大切ですよね。

E 私の禁煙努力も、無駄ではないですね！

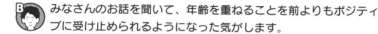

自分の思い通りに動いてくれない父親くらいの年齢の部下を指導するなんて、私は何をしているのか……と、悶々としていた時期もありました。でも、セッションを経て、「長く働き続けるのが当たり前の時代だからこそ、健康であることが何よりの資本ですよ」ということを、迷いなく言えるようになりました。だから、私が悩んだことも、ぜんぜん無駄ではなかったと、今なら思えます。

みなさんのお話を聞いて、年齢を重ねることを前よりもポジティブに受け止められるようになった気がします。

私なら大丈夫という気持ちを持つことが大切ですね。

大人になってからも、自分がまだまだ成長できるとは思っていなかった。でも、健康を意識したら、まだまだ自分に伸び代があることにも気づけたような気がします。

ロボットみたいに自動的にアップデートしてくれたらいいけれど、生身の人間は、健康であり続けるためには、自分自身の努力や知識が必要ということですよね。
正直、まだたばこには未練があるけれど、禁煙している今の心地よさは手放したくないな。

私も、まだまだ発展途上ですが、メンタルが弱い自分にあと戻りはしたくないです。

健康であることは、仕事や暮らしの大切な土台になりますね。立場や仕事が変わったらまた悩むこともあるでしょうけれど……でも、いつでもこの土台の部分を忘れないようにしたいですね。

また半年後に、みんなで集まって話をしたいです。また新しい気づきをみなさんと共有できるかもしれません。

全員：ぜひ、そうしましょう。ありがとうございました。

「寝る・食う・出す（排泄）」

　これは、人間の数多ある行動の中で、生きていく上で最後の最後に残る行動だと言われています。いわゆる生存欲求の源です。心身の健康を考える時、この３つに立ち返って考え、行動すれば、誰でも自然とスムーズに健康を維持できるのではないかと感じています。

　書籍名にもある"フィジカル・シンキング"とは、端的に言えば、身体を起点に、先の３つの身体の生理現象を土台として思考に落とし込み、行動に移すということです。そうすることで、仕事も生活も、かなりの確率でうまくいくという信念のもとに、私たちはこのタイトルをつけました。
「健康であること」は、人生の目的ではありません。また、企業経営においても、ウェルビーイング経営や健康経営はあくまで手段に過ぎません。
　一方、人は何かを成し遂げるためにこの世に生を受けて生きていますが、その大きな何か——夢でも、プロジェクトでも——を成し遂げる際に、拠り所となるのが、心身の健康、それも"力強い"心身の健康であります。しかしながら、その土台であるはずの、最も大切にしなければならない力強い心身の健康状態が得られずに、悩んでいる人が、現代社会にいかに多いことか。

　それはなぜでしょうか？
　理由の１つ目は、そもそも健康が空気と同じように、見えるようで

# 生き物として
# 「あるべき姿」をフィジカルに考える

いて実は見えにくいため、日々意識しづらいものだからでしょう。

　仕事を新規で受注するにも、社内交渉をして物事を進めるにも、常にビジネスの場では戦う相手や敵が存在し、タフな心身がなければライバルよりも弱くなり、簡単に負けてしまいます。今（2023年9月現在）も続いているロシア・ウクライナ戦争をはじめとする戦争の歴史を辿れば至極当然のことですが、力やエネルギーが強くなければ、また知識やスキルで武装ができなければ、必ず敵に侮られ、負けてしまいます。ビジネスシーンでもそれは同様で、負けてしまえば夢は叶いません。

　さまざまな相手に負けないためにも、意識しづらい自己の土台である健康について、個々人がしっかりとした考えを持ち、また組織や上司も部下の健康に関してアンテナを張り、相互に高め合うことが必要だと言えるのです。

　理由の2つ目は、現代はデジタル時代、DX時代と言われますが、年々情報量が増えているという現状が挙げられます。1人ひとりが関わる情報が増加しており、情報を判断して取捨選択することができない状態（情報処理が追いつかない状態）が生じていると言われています。情報が多過ぎるせいで、いわゆる情報弱者が増えているのではないでしょうか？

　現代人が1日に入手する情報は、江戸時代の人が1年間に入手する情報に匹敵するという研究結果があります。行動経済学の分野では、人間は情報が多過ぎると、判断を諦めて安易な選択をする傾向があるとも言われています。

健康に関する情報も同様で、根拠のない健康法や、効能が確かではないサプリメントの情報などは世の中にあふれかえっています。

　そう、今の時代は、１人ひとりが強く自覚しないと、自分や家族の「健康」を守ること＝「健康防衛」をすることが、容易ではない時代なのです。一般的に我々は、豊かになること、便利になること、いわゆる文明の恩恵を全面的にありがたいものとして受け入れがちです。でも実は、豊かになることで大量に失っているもの、いつの間にか棄損しているもの、トレードオフの関係にあるものが、自分自身の「健康」なのです。
　しかし、人はそのことに、鈍感です。なかなか気づくことができません。豊かさと引き換えに失っているものがたくさんある—— その自覚を持つことこそが、心身の健康のための第一歩であろうと私たちは考えています。

　私たちは、７人の悩めるビジネスパーソンとの対話という形式を通じて、今の日本社会の断片を垣間見ようと試みてきました。また、７人それぞれの悩みは、読者のみなさんにさまざまなことを気づかせてくれたのではないでしょうか。
　20代は、若さでいろんなことがカバーできる恵まれた世代でしょう。それがゆえ、無理もするし、不摂生にもなりがちです。
　30〜40代は、仕事での責任も増え、中間管理職を経験する機会が増えていきます。したがって、自分だけが頑張ればいいのではなく、上手に人を動かすスキルを伴った仕事の成果がより求められてきます。

50代は、会社員ならキャリアの集大成を徐々に迎える時期でしょう。加齢への不安、定年後の生き方の模索、さらにいえば、今後定年延長（70歳、80歳……）が進んだ場合にキャリア予測ができない、といったことが、現実味を帯びてくるのもこの頃です。

　今、私（阿部）は60代を間近にして、ようやく、この７人すべての世代を振り返ることができる地点に到達しました。ここまで健康に働き続けてこられたことに、まずは周囲の関係者や家族、そして祖先に感謝しなければなりません。
　その上で、今の日本の状況を踏まえて、この７人に改めて助言をするとしたら「健康に終わりはない」、そして「働くことに終わりはない」、この２つの言葉を贈りたいと思います。

　本書には、60代以上のビジネスパーソンは登場しません。でも、これからは多くの人が、60代、70代、そして80代になっても働き続けることを視野に入れることが必要になってきます。いや、もう定年という概念すら古い価値観なのかもしれません。
　目の前に自分ができる仕事があり、身体も心も元気なら、もはや生涯現役で働き続けることはごく普通の意識、当たり前だと思って毎日を送るべきでしょう。それが日本社会における働き方の新しい価値観であり、労働人口が激減すると言われる中で、安心と成長を両立しながら、自立した暮らしを維持するためのキャリア手法です。それは、最も堅実かつワクワクするような、チャレンジングな生き方だとも言えるのではないでしょうか。

「生涯現役で働くことは当たり前」—— それを実現させるためには、自分自身のすべてを「資本」と捉え、日々フィジカル＆ロジカルに考え、仕事と生活を両立し、健康を維持する以外にありえません。

　健康を意識して、自らの行動を変えれば、新しい自分が生まれるきっかけになるでしょう。人は何歳であっても、きちんと栄養素と刺激を吸収し続ければ、細胞（脳細胞）は成長できると言われています。また、気持ち１つで知識の習得、スキルの会得もできますし、変わることができるのです。それは自分自身で、日々小さな変化、言い換えれば「変身」を起こすことだと思うのです。

　現に、本書に登場した７人は、食生活を変えてみたり、喫煙や飲酒の習慣を改めたり、対人関係のスキルを学び直したり、といった小さなアクションを起こしました。そして、手探りながら、小さなアクションの手応えを感じ始めています。

　「自分はまだまだ変わることができる、成長できる」—— 変化の激しい時代には、時流に合わせる柔軟性も必要です。その方がきっと、心地よく、しなやかに生きていけるはずです。

　健康に終わりはありません。悩んだら、小難しいことは考えずにシンプルに「寝る・食う・出す（排泄）」にフォーカスしてはいかがでしょうか？　それが、ウェルビーイング時代の“フィジカル・シンキング”の要諦です。

　本書を手にしたすべての読者が、今日からできる「フィジカルを起点にした考え方や行動」を１つずつ実践されることを祈念しています。

働けること、今日という日を当たり前のように生きられることに、みなさんが、先人や祖先に対して感謝の気持ちを持って過ごされることを祈念して。

2023年 晩夏
株式会社ボディチューン・パートナーズ代表
阿部 George 雅行

**Special Thanks**

井上洋市朗
青木美保子
藤井崇
堀井悠
松本悠幹
原碧唯
吉岡優
西村一広
吉川隆晃
こじゅき

## 阿部ジョージ
### の
### 生涯現役ch
# 【ビジネススキル講座】

延べ20万人に教えた現役研修講師が10分で解説！
年齢に関係なく、いつまでも働きたい人に向けた、
ビジネススキル・人生スキルのyoutubeです。

アクセスはこちらから

# ウェルビーイング時代の
# フィジカル・シンキング

発行日　2023年10月20日　第1刷

| | |
|---|---|
| Author | 阿部George雅行　佐藤美咲 |
| Illustrator | 加納徳博 |
| Book Designer | 江森丈晃 |

| | |
|---|---|
| Publication | 発行　ディスカヴァービジネスパブリッシング |
| | 発売　株式会社ディスカヴァー・トゥエンティワン |
| | 〒102-0093　東京都千代田区平河町2-16-1 平河町森タワー11F |
| | TEL　03-3237-8321（代表）　03-3237-8345（営業） |
| | FAX　03-3237-8323 |
| | https://d21.co.jp/ |

| | |
|---|---|
| Publisher | 谷口奈緒美 |
| Editor | 林秀樹（編集協力　渡辺のぞみ） |

Distribution Company

飯田智樹　塩川和真　蛯原昇　古矢薫　山中麻史　佐藤昌幸　青木翔平　小田木もも
工藤奈津子　松ノ下直輝　八木眸　鈴木雄大　藤井多穂子　伊藤香　鈴木洋子

Online Store & Rights Company

川島理　庄司知世　杉田彰子　阿知波淳平　王廳　大﨑双葉　近江花渚　仙田彩歌　滝口景太郎
田山礼真　宮田有利子　三輪真也　古川菜津子　中島美保　石橋佐知子　金野美穂　西村亜希子

Publishing Company

大山聡子　小田孝文　大竹朝子　藤田浩芳　三谷祐一　小関勝則　千葉正幸　磯部隆　伊東佑真　榎本明日香
大田原恵美　志摩麻衣　副島杏南　舘瑞恵　野村美空　橋本莉奈　原典宏　星野悠果　牧野類　村尾純司
元木優子　安永姫菜　小石亜季　高原未来子　浅野目七重　伊藤由美　蛯原華恵　林佳菜

Digital Innovation Company

大星多聞　森谷真一　中島俊平　馮東平　青木涼馬　宇賀神実　小野航平　佐藤サラ圭　佐藤淳基　津野主揮
中西花　西川なつか　野﨑竜海　野中保奈美　林秀規　廣内悠理　山田諭志　斎藤悠人　中澤泰宏　福田章平
井澤徳也　小山怜那　葛目美枝子　神日登美　千葉潤子　波塚みなみ　藤井かおり　町田加奈子

Headquarters

田中亜紀　井筒浩　井上竜之介　奥田千晶　久保裕子　福永友紀
池田望　齋藤朋子　俵敬子　宮下祥子　丸山香織

| | |
|---|---|
| Proofreader | 株式会社T&K |
| DTP | 江森丈晃 |
| Printing | 日経印刷株式会社 |

ISBN978-4-910286-40-2　　©Bodytune-Partners, 2023,  Printed in Japan.

WELL-BEING JIDAI NO PHYSICAL THINKING by Masayuki George Abe and Misaki Sato